남자는 돈이 90%

Original Japanese title: OTOKO WA OKANE GA 9 WARI
Copyright © 2014 Risho Satonaka
Original Japanese edition published by Sogo Horei Publishing Co., Ltd.
Korean translation rights arranged with Sogo Horei Publishing Co., Ltd.
through The English Agency (Japan) Ltd. and KL Management

이 책의 한국어 번역출판권은
The English Agency (Japan) Ltd.와 KL Management를 통해
저작권자와의 독점계약으로 상상의 날개에 있습니다.
저작권법에 의해 한국 내에서 보호를 받는 저작물이므로
무단전재와 무단복제를 금합니다.

사토나카 리쇼 지음
양우철 옮김

Satonaka Rishou
Money decides
a man's
value.

남자는 돈이 90%

평생
돈 걱정 없는
부자의 철학

누적 260만부
베스트셀러 작가!
사토나카 리쇼

연 수입 3천만 원인 당신도
'일류부자'가 될 수 있다!

iW book 상상의날개

옮긴이

양우철

선문 통·번역 대학원 한일과 지도교수.
한일 국제회의 통역사

남자는 돈이 90%

초판 1쇄 인쇄 2018년 3월 20일
초판 1쇄 발행 2018년 3월 26일
  2쇄 발행 2018년 12월 15일

지은이 사토나카 리쇼
옮긴이 양우철
펴낸이 이승심

펴낸곳 도서출판 상상의 날개
브랜드 IWBOOK
주소 인천 계양구 효성동 623-3
대표전화 032) 543-7005 | **팩스** 032) 543-6005
편집부 070) 7756-7005
출판 등록 2008년 12월 02일
전자우편 iwbook@naver.com
기획 및 책임편집 양승옥 | **디자인** 지식과 감성#
제작 유성룡
영업 및 마케팅 이종인
교정교열 정혜진

ISBN 978-89-93676-26-6(13320)
값 13,000원

- IWBOOK은 도서출판 상상의 날개 단행본브랜드입니다.
- 이 책은 저작권법에 따라 보호받는 저작물이므로 무단 전재와 복제를 금하며, 이 책 내용의 전체 또는 일부를 이용하려면 반드시 저작권자와 도서출판 상상의 날개의 서면 동의를 받아야 합니다.
- 파본은 구입처에서 교환해드립니다.

이 도서의 국립중앙도서관 출판예정도서목록(CIP)은 서지정보유통지원시스템
홈페이지(http://seoji.nl.go.kr)와 국가자료공동목록시스템(http://www.nl.go.kr/kolisnet)에서
이용하실 수 있습니다. (CIP제어번호 : CIP2018005795)

들어가며

"남자는 돈이 90%다"

이런 말을 들으면 어떤 생각이 드는가?

"남자는 돈보다 인성이 중요해", "남자한테 중요한 건 인내심이 아닌가?" 이렇게 말하는 사람도 있겠지. 부정하지는 않겠다. 하지만 가장 소중한 것은 돈이다. 돈이 제일 '중요'한 것이다.

나는 이제껏 살의를 느낄 정도의 굴욕을 여러 번 경험했고 모두 돈이 없어서 일어난 일이었다. 데이트할 때 돈이 없어서 차만 마시기도 했고 지인이 병에 걸렸을 때 돈을 조금밖에 빌려주지 못했다. 돌이켜보면 너무나도 한심했다. 한번은 돈이 떨어져 시청에 국민연금 분할 납부를 신청하러 갔는데 시청 직원에게 "인간쓰레기 같은 놈. 넌 사회생활 할 자격도 없어" 이런 말로 모욕을 받은 적도 있다. 그때의 억울함을 이해할 수 있는가?

현재 나는 작가 활동과 주식으로 10년째 수억 원대의 연수입을 벌고 있다. 20대 때 연 수입이 2천만 원대였으니까 그때보다 십여 배를 벌고 있는 셈이다. 하지만 제대로 된 생계를 꾸리기까지 무척 괴로웠다. 방금 말한 것처럼 모욕을 당한 적도 있고 빚을 지고 주저앉은 적도 있다. 남자가 고생이라는 말을 입에 담아서는 안 되지만 아무것도 못 할 만큼 정신이 붕괴하기 일보 직전이었다.

그래서 그때 나처럼 고생하는 사람의 잘못된 행동을 보면 나도 모르게 참견하게 된다.

"그런 식으로는 평생 가난에서 벗어날 수 없어"

부자가 되어도 뭐든 잘되고 세상을 다 가진 것처럼 기분이 좋은 것도 아니다.

돈이 많으면 세금이라는 국가권력과 맞서야 하는데 그 강력한 힘 앞에서는 부자도 무릎을 꿇을 수밖에 없다. 그러나 가난한 사람은 강력한 힘과 맞설 기회조차 주어지지 않는다. 공무원 놈들, 돈 좀 있다고 편하게 산 놈들, 이놈들에게 **'경멸받기 때문'이다.** 그 굴욕은 이루 다 말할 수 없다.

연 수입 1억이 안 되는 당신도 분명 어디선가 누군가에게 비난을 받거나 동료보다 적은 급여를 받아 비참함을 느낀 적이 있을 것이다. 따라서 이 책에서는 죽이고 싶을 만큼 화가 나거나 또는 모든 걸 포기해 일할 의욕을 잃은 남자와 이 악물고 지지 않기 위해 맞서는 남자의 차이점을 알아보고자 한다. 더불어 부자가 되는 방법도 소개하겠다.

당신은 평소 세상에서 일어나는 이상한 일과 모순, 놀라운 일을 발견하기 위해 노력하고 있는가? 여기서 규모는 작지만 꾸준한 실적을 올리는 회사가 있다고 가정해보자.

어느 날 한 직원이 사장을 자세히 관찰해보았더니 사장은 항상 웃고 친절하며 태도도 겸손한 사람이었다. 게다가 씀씀이까지 좋다. 그전까지는 몰랐던 사실이었다. "사장님은 좋은 사람인데 회사는 왜 성장을 못하는 걸까?" 의문이 들었다. 우리도 바로 이런 것을 생각해봐야 한다.

편의점 화장실을 이용한 적이 있는가? 화장실이 개방된 편의점과 막아놓은 편의점, 그리고 직원에게 말하면 빌려주는 편의점이 있는데 왜 가게마다 대응이 다른 것일까? 그 이유를 알면 당신이 가게를 내도 성공할 가능성이 높지만, 사람은 보통 이유를 생각하지 않고 궁금해하지도 않는다.

나는 이런 사례들을 전부 나열하려면 책 한 권으로는 부족할 만큼 세상을 관찰하고 있다. 하지만 당신은 아무것도 깨닫지 못할 것이다. 통찰력이 없기 때문이다. **통찰력을 기르면 세상의 모순과 희소한 것을 발견할 수 있고 일에도 활용할 수 있다.** 가만히 세상을 관찰해보면 사람들이 많이 하지 않는 일을 찾을 수 있다. **회유어(回游魚)처럼 매일 똑같은 업무만 반복하면서 주변을 관찰하지 않는 당신. 생각과 관찰을 하지 않으면서 성공할 수는 없다.**

반대로 생각하면 당신은 능력이 뛰어난 동료에게 관찰당하고 있을 수 있다.

'저렇게 멍청한데 고학력이라고?'

굴욕적이지 않은가? 그러니까 당신도 관찰해주자.

'저 녀석은 고졸인데 왜 일을 잘하는 거지?'

"학력도 낮은데 왜 머리가 좋은 걸까?"

"무슨 책을 읽고 있을까?"

그 사람이 무슨 말을 하는지 회식 자리에서도 관찰해보자.

같은 남자끼리 관찰하기 껄끄럽다면 우선은 여자를 상대로 연습해도 된다. 여자는 무섭게 변하는 존재다. 스스로 의식해서 외모를 바꾸는 여자도 있지만, 자연스럽게 변하는 여자도 있다. 점점 아름다워지는 여자와 나이가 어린데도 퇴화하는 여자의 차이는 무엇일까? 그 차이점을 알고 있다면 여성에 관련된 일을 하면 되고, 편의점 화장실의 비밀을 알고 있으면 부업으로 가게를 내서 성공할 수 있다.

거리에 나가 세상을 자세히 관찰해보자. 집에서 '빠르게 부자 되는 법' 같은 책을 읽어도 돈은 들어오지 않는다. 당신은 제발 가난에서 탈출하길 바란다. 그렇기 때문에 이 책에서는 더더욱 입에 발린 말을 하지 않겠다.

사토나카 리쇼

CONTENTS

들어가며 —————————————— 5

서장 돈이 생기면 남자는 극적으로 변한다

- 진정한 부자는 자신에게 필요한 연 수입을 알고 있다 —— 16
- 부자는 돈을 계획적으로 쓰고
  가난한 사람은 돈을 함부로 쓴다 ————————— 20
- 부자는 생각하는 시간을 만들고
  가난한 사람은 생각으로부터 도망친다 ————— 28
- 부자는 스스로 움직이고 가짜 부자는
  뭐든지 돈으로 해결하려고 한다 ————————— 35
- 독자 Q&A ① ————————————— 43

제1장 연 수입 3천만 원에서 부자가 되는 방법

- 통찰력을 키워라 ——————————— 46
- 다른 사람과 반대로 행동하라 ——————— 54
- 발전 없는 회사에 눌러앉지 않을 것 ————— 62
- 필사적으로 일하면 안 된다 ———————— 68
- 주식 배당금과 우대 제도로 돈을 불려라 ——— 75
- '돕고 싶은' 애인을 만들어라 ———————— 81
- 강한 성욕은 돈으로 바꾼다 ————————— 89
- 남자로서 1년에 한 번은 승부하라 —————— 96
- 독자 Q&A ② ——————————————— 101

제2장 여자는 이런 부자에게 접근하려고 한다

- 아내가 있어도 여자가 끊이지 않는 남자의 조건 —— 104
- '정말로 갖고 싶은 여자'를 찾지 않는다 —————— 111
- 여자는 '기분을 행동으로 보여주는 남자'를 사랑한다 — 119
- 남자를 부자로 만드는 여자, 가난하게 하는 여자 —— 125
- 부자가 돼도 절대 사귀면 안 되는 여자 ——————— 134
- 독자 Q&A ③ ————————————————— 143

제3장 가난해도 이런 사람이 되어선 안 된다

- 회전 초밥집에서 4만 원이나 넘게 쓰는 가난한 사람들 —— 146
- 리스크를 두려워하는 남자 ——————————————— 154
- '열심히 일해서' 소비세 인상에 맞서려고 하는 남자 —— 162
- 가난하면서 교육에 돈을 쓰는 남자 ————————— 172
- 자신은 저학력이면서 아이에게 동경대만 강요하는 남자 – 176
- '부자도 맥도날드를 먹으니까
  자신도 먹겠다'고 말하는 남자 ——————————— 183
- '부자는 나쁘다'고 하면서 부자를 비하하는 남자 ——— 191
- 골프장에서 매너와 규칙을 완전히 무시하는 남자 ——— 198

서장

돈이 생기면
남자는
극적으로
변한다

진정한 부자는 자신에게 필요한
연 수입을 알고 있다

'스트레스 없는 생활'을 알면 연 수입이 늘어난다

부자라는 단어는 고가의 물품과 돈의 양으로 정의할 수 없다. 예를 들어 소유한 금융자산이 백억 원이라도 은행 등에 맡긴 채 자린고비처럼 생활한다면 그 사람은 절대 부자가 아니라고 할 수 있다. 지갑에 현금도 없고 카드도 사용하지 않는다면 빈털터리나 마찬가지다.

"페라리나 포르쉐 911 정도는 타야 부자라고 할 수 있지. BMW 타면서 부자는 무슨" 내가 BMW를 탈 때 자주 듣던 말이다. 확실히 연 수입 3억 원이라도 소프트뱅크의 손정의 회장과 비교하면 가난하다. 나에게 태클을 건 남자들은 이걸 말하고 싶었을 것이다. 하지만 연 수입이 거의 없다시피 한 여자들이 볼 때 나는 엄청난 부자다. 일례로 예전에 불가리 지갑을 현금으로 샀을 때 "부자는 다르네"라고 말해준 22살 여자가 있었다. 그만큼 부자의 정의는 상대적인 것이다. 그

22살 여자의 경우 명품을 일시불이 아닌 할부로밖에 못 사는 것이 스트레스였고 나는 그런 스트레스를 받지 않았다.

스트레스 없이 생활하는 것. 이것이 부자의 정의다. 상대방이 누구건 간에 달라지지 않는 정의는 이것밖에 없다. '**어떤 생활이 스트레스 없는 생활인가'에 따라 원하는 연 수입이 달라지는 것이다.** 이해되는가? 무척 간단한 이론이다.

일단 나는 페라리에는 관심이 없어서 페라리를 살 돈이 없어도 스트레스를 받지 않는다. 따라서 내 부자의 기준은 페라리의 소유 여부가 아니다. 도쿄 긴자에서 호화롭게 놀고 싶으면 연 수입 2억 원으로는 턱도 없다. 어떻게 해서든 긴자의 여성과 사귀고 싶고 그게 꿈이라면 현재 수입으로는 스트레스를 받을 테고 결국 '연 수입 2억 원은 가난하다'는 생각을 할 것이다. 그러나 유흥은 걸즈바, 차는 폭스바겐 골프, 중국산 식품을 사지 않는 정도의 생활만으로도 스트레스를 받지 않는다면 2억 원도 충분하다. 그리고 경제적으로 여유 있는 생활을 하며 이런 생각을 한다.

"난 부자야"

몸에 좋은 것만 먹고 그걸 인생의 낙으로 삼는 사람이 있다고 하자. 국산 장어가 먹고 싶을 때 백화점 지하 코너에서 2만 원짜리 장어를 부담 없이 사 먹으면 부자라고 할 수 있지만, "비싸서 중국산 밖에 못 사는데 중국산은 찝찝해서 못 먹겠다" 이런 생각에 스트레스를 받으면 가난한 것이다.

당신의 욕망과 꿈에 필요한 돈을 연 수입으로 계산하면 얼마인가?

난 내가 아직도 가난하다고 생각한다. 일 년 내내 여자랑 데이트하면서 4년에 한 번 5천만 원짜리 신차를 뽑고, 남쪽 섬으로 장기간 휴가를 가는 것이 꿈이지만, 이걸 다 할 여유는 없다.

그래서 1년에 3억 원(2012년 기준)을 벌면서도 스트레스를 받고 있다. 하지만 나에게 갑자기 발기부전이 생겨 여자가 3D 인물처럼 느껴진다면, 연 수입 3억을 벌며 10년 동안 탈만 한 좋은 차를 뽑고 가끔 오키나와나 발리에 가면서 여유롭게 생활할 수 있다. 내 마음대로 나를 부자라고 생각해도 되고 다른 사람의 불평을 듣지 않아도 된다.

당신의 욕망과 꿈에 필요한 돈을 연 수입으로 계산하면 얼마인가? 이 말이 포인트이므로 염두에 두며 책을 읽어주길 바란다.

부자는 돈을 계획적으로 쓰고 가난한 사람은 돈을 함부로 쓴다

복권에 당첨되면 알 수 있는 '부자 지수'

최근 나는 열심히 로또를 사고 있다. 애완고양이의 기일을 조합해 번호를 고르는데 누가 들으면 '평생 못 맞출 것 같은 방식'이라고 말할지도 모른다. 분명 가능성은 높지 않지만, 번호를 바꿀 생각은 없다. 죽은 고양이를 잊지 않기 위해서다. 복권으로 고액 당첨금을 받은 사람은 대부분 망한다고 한다. 당첨된 지 몇 년 후에 자살하는 사람도 있다는데, 그건 수십억에 당첨된 서민에게 국한된 일이다. 부자들도 재력을 이용해 로또에 투자하고 있을지 모르지만, 설령 수십억의 당첨금이 생긴다 해도 부자들의 생활은 변하지 않는다. 여자가 5명 있는 남자한테 여자 한 명이 더 생겨도 그 여자가 나쁜 여자가 아닌 이상, 남자가 여자 때문에 망하지 않는 것과 같은 이치다. 수억 원의 자산을 가진 남자에게 몇억이 더 생겨도 생활은 크게 변하지 않지만, 연 수입 몇천만 원 서민에게 갑자기 몇천만 원이 생기면 생활은 180도 변한다.

미경험 분야에서 조언을 해줄 사람이 없으면 대부분 실패하기 마련이다. 또는 조언자가 있어도 말을 귀담아듣지 않을 수도 있다. 원래 남자는 다른 사람 말을 잘 듣지 않는다고 하지 않는가? '말을 듣지 않는 남자 지도를 못 보는 여자(Why Men Don't Listen and Women Can't Read Maps)'라는 유명한 책도 있다.

나는 수십억짜리 로또에 당첨돼도 망하지 않을 자신이 있지만, 그건 내가 부자를 한 번 경험한 '유경험자'이기 때문이다. 로또를 해서 10억이 생겨도 미지의 세계는 찾아오지 않는다. 사람은 한번 '정상'을 경험하면 이렇게 느낄 때가 있다. "의외로 중상(中上) 정도가 즐겁네. 마음이 편해" 일단 내가 이렇게 느꼈다.

내 주변에도 벤츠 AMG를 탔다가 승차감이 너무 딱딱해서 다시 노멀 타입으로 바꾼 사람이 많다. 벤츠 CLS로 바꿀 경우 옵션 등을 더해도 AMG와 가격 차이가 1억 원이 훨씬 넘는다. 즉 1억 더 싼 모델로 바꾼 것이다. 이 경우 상당히 '줄였다'고 할 수 있다.

성공한 사람들이 맥도날드에서 끼니를 때우는 모습이 TV에 자주 나온다.

"사토나카, 성공하려면 맥도날드에서 먹지 말라면서? 어떻게 책임질 건데?"

이런 항의를 받는데, 그건 성공한 자들이 가끔 서민 음식이 생각나서 먹는 것뿐이다. 혹은 스텔스 마케팅인데 여기에 대해서는 뒤에서 설명하겠다.

비싸고 고급스러운 물건만 원하는 것이 욕구는 아니다. **'시골에서 자급자족하며 생활'하고 싶은 마음도 욕구다.** 도시 생활에 지친 부자가 시골에서 조용히 살고 싶은 것 또한 욕구다. 그러나 이런 특이한 감각은 금방 생겨나지 않는다.

오랜 시간에 걸쳐 재산을 탕진하고, 여러 분야에서 정점과 최고를 경험하고 나서야 얻을 수 있는 감각이다. 고생한 부자들은 대부분 한 번, 두 번, 세 번씩 망하고 다시 부자가 되는 과정을 경험한다. **중간에 실패해도 다시 일어서는 것이다.** 원래 자기 분야에서 성공한 사람은 다시 시작할 수 있는 재능을 갖고 있다.

서민은 끝을 모른다

그러나 **가난한 서민은 복권에 당첨돼도 일의 재능과 다시 복권에 당첨될 재능을 갖고 있지 않다.** 한 번 정상을 경험하고는 "생각보다 별 것 없네. 평균보다 약간 잘사는 정도면 충분하겠어"라고 생각할 때쯤에는 이미 돈이 다 떨어진 상태다. 돈이 남아 있을 때는 이렇게 생각한다. "벤츠 AMG는 승차감이 딱딱했으니 BMW M 시리즈를 타볼까? 아니면 포르쉐?" 소위 '졸부'라고 하는 1세대 부자들은 이렇게 해도 된다. 망해도 다시 일어설 수 있으니까.

라이브 도어의 전 CEO인 호리에 다카후미도 마찬가지일 것이다. 하지만 우연히 복권에 당첨된 서민이 재산을 날려 빈털터리가 되면 처음부터 다시 시작하기란 쉽지 않다. 1년 남짓한 시간에 수십억을 날리면 누가 됐건 이성을 잃을 수밖에 없다. 너무 치욕스러워 잠도 안 올 것이다. 아무한테도 말 못 하는 상황. 당연한 말이지만, 주변에 복권에 당첨된 걸 알릴 만한 사람이 없어서 축하도 못 받는 것만큼 부끄러운 일이다. 당첨금 수십억 원을 여자, 차, 아파트, 도박으로 다 날려도 누구한테 말은 못 하고 어디서 이상한 사람들이 찾아와 끝없이 돈을 요구해온다. 게다가 화려하게 즐긴 덕에 누군가 살의를 품고 자신을 노리기까지 한다.

하지만 반대로 부자에서 가난해지고 다시 부자가 되는 과정을 거친 사람은 경험이 있어서 가난한 사람처럼 돈을 날리지 않고 기부 등을 하면서 눈에 띄지 않게 행동한다. 물론 한 번 실패한 경험이 있기 때문에 "옛날처럼 페라리 세 대 정도 사볼까?" 이렇게 생각하는 경우도 거의 없다.

가난한 서민은 정상에서 만족할 줄 모른다. 그렇기 때문에 수십억을 사용한 뒤에도 '고급'이란 글자가 들어간 것들을 마구 사들인다. 가령 오오마(大間)에서 잡힌 참치 대뱃살을 먹을 때도 서민은 이렇게 생각할 것이다.

"더 맛있는 건 없을까?"

한 번 정점을 경험한 남자의 경우 생각을 전환한다.

"이번엔 참치 등살을 넣은 김초밥을 먹어볼까?"

그러나 정상을 모르는 서민은 끝이 없다.

"다음은 캐비어를 주문해보자"

결국 1년도 안 돼서 수십억 원을 날리고 다시 원래 생활로 돌아오거나 되려 빚을 지게 된다. 거듭 말하지만, 다시 수십억을 벌 능력이 없기 때문에 이상한 사람들에게 쫓기는 나날을 보내게 된다.

다만 경제학으로 증명된 '거액의 복권에 당첨된 사람은 가난해진다'는 법칙에 대해서는 조금 이해할 수 없는 부분이 있다. 나는 한때 고급 호텔의 스위트룸을 이용했었다. 그러나 한창 돈을 벌던 때였음에도 더는 스위트룸을 이용하지 않기로 마음먹었다. 방을 제대로 활용하지 못했기 때문이다. 너무 넓어서 다 사용하지를 못하니 작은 방으로도 충분했다. 칠 줄도 모르는 피아노가 배치된 걸 보고 스위트룸을 이용할 마음이 사라졌다.

당시 자주 이용했던 곳은 파크 하얏트 도쿄 호텔의 스위트룸이다. 부자는 '분위기를 위해서' 스위트룸을 이용하고 졸부는 '있어 보여서' 스위트룸을 이용하겠지. 한번 이용해보면 알겠지만, 스위트룸은 거실에서 세면대까지 거리가 멀다. 나는 지친 마음을 힐링하려고 호텔을 이용하는 건데 거실에서 세면대가 머니까 짜증이 났다. 걷기 운동을 해도 될 정도로 긴 구조의 스위트룸도 있었다. 소파에서 쉬다가 볼일이 급해 화장실에 가려고 해도 꽤 걸어야 하고, 화장실이 멀면 취했을 때도 귀찮다. 또 전혀 사용하지 않는 사각지대도 생긴다.

예를 들어 스위트룸 중에는 현관 쪽에 작은 공간이 있는 곳도 있다. 그 공간에 의자가 놓여있는데 그 용도가 무엇인지 도무지 감이 안 잡혔다. 장기 숙박하는 갑부를 위한 스위트룸에는 주방도 있지만, 장기로 숙박하지 않는 나에겐 무용지물이다. 또 어떤 곳은 거실, 침실, 방이 완벽히 분리돼서 거실에서 침실까지 한 번에 갈 수 없었다. 방을 혼자 사용하기 때문에 소파와 의자가 많아도 쓸 일이 없는데 부부가 사용해도 남아돌 만큼 의자가 많았다. 꽃병과 조명이 놓인 테이블과 서랍도 필요 없는데 솔직히 파티용이 아닐까 싶다. 일반적으로 스위트룸에서는 파티가 금지되어 있지만, 지인 중에 여자들 모임용으로 스위트룸을 이용하는 사람이 있다.

호텔 방은 부부, 커플이 이용하는 경우 50㎡ 이내의 크기가 제일 적당하다고 본다. '주니어 스위트룸'이나 '디럭스 스위트룸'을 예로 들 수 있다. 이런 방은 드레스룸도 있어서 여성이 이용하기에 좋다. 차를 타더라도 벤츠 S클래스는 쓸데없이 크다. 일본에서는 끌기에는 벤츠보다 작은 차가 낫다고 생각하는 사람도 있고, 당연히 차 크기가 작을수록 가격도 저렴해진다.

결국, 날 납득시키지 못한 '복권 당첨자는 가난해진다'는 경제학 법칙은 '비싸다'와 '크다' 등으로밖에 가치를 표현하지 못하는 **'바보'**한테나 어울리는 말이고, **냉정한 사고를 하는 현명한 인간이라면 수십억에 당첨돼도 전부 써버리는 일은 없을**

것이다. 사용법을 생각하기 때문이다. 전 세계에 존재하는 불행한 복권 당첨자 스토리도 이러한 경우이다.

일본에도 매주 복권 등으로 고액 당첨자들이 탄생하고 있다. 로또 추첨날짜는 월, 목, 금이고 미니 로또는 화요일, 점보복권은 1년에 한 번 추첨을 한다. 당첨자 모두가 서민에서 부자가 되고 다시 망했다는 통계 같은 건 없다. 하지만 갑자기 거액이 생기면 일순간 욕망의 늪에 빠져 돈을 마구잡이로 쓰게 된다. 그 행위를 **중간에 멈춘다면 현명한 사람이지만, 마지막까지 끝을 보려고 욕심내는 사람은 불행해지게 되는 것이다.**

부자는 생각하는 시간을 만들고
가난한 사람은 생각으로부터 도망친다

'낭비'의 진짜 뜻

낭비란 '쓸데없는 물건을 사는 행위'가 아니다. 단순하게 **무언가를 사서 돈이 없어지는 것이다.** 부자가 가난해지면 돈이 있을 때 산 비싼 물건들이 낭비로 변하게 된다. 생활하는데 절대적으로 필요한 건 의식주뿐이며 그 외의 것은 사람의 욕망에 의해 구입하는 것이다. 일본에는 TV도 필요 없다고 말하는 사람이 있다. 그렇기 때문에 돈이 없는 사람이 무리해서 TV를 사면 낭비가 된다. 형편도 넉넉하지 않으면서 46인치 평면TV를 사는 가난한 이들이 많다. **'이전에 산 물건이 정말로 필요했는지'따져보는 행동이 자신의 재력을 계속 유지할 수 있게 해준다.**

예를 들어 통장에 5억 원이 있고 매년 2억 원씩 써도 잔액이 줄지 않는 사람이 있다고 하자. 이 사람은 죽을 때까지 안정적으로 고수익을 얻을 수 있다. 차고 속 자동차 두 대, 섹스도 안 한 여자에게 선물한 루이비통 가방, 불가리 반지, 긴자에서 사용한 술값, 경마와 Toto에 쏟아부은 돈. 지금까지 이 사람이 살면서 소비한 것들은 전부 낭비가 아니다. 스트레스 해소에 도움이 됐고 스트레스가 없었다고 해도 돈을 쓰고 기분이 좋아져서 건강에도 좋은 영향을 주었다. 그밖에 국가 경제에도 기여했다. 하지만 어느 날 예금 잔액이 바닥나고 고수익의 일자리도 잃게 되면 상황은 변한다.

"내가 왜 이름도 기억 못 하는 여자한테 명품 가방을 줬지? 실수했다."

단순히 '실수했다'는 말로는 해결되지 않을 만큼 낭비를 한 상황이 됐다. 한숨만 나올 것이다. 부자도 돈이 없으면 이렇게 된다. "돈을 그렇게 막 쓰는 게 아니었는데", "그때 그걸 왜 샀지?"라고 생각하게 된다. **오히려 부자가 돈을 날리면 돈의 소중함과 돈이 없을 때의 충격을 기억한다.**

한편 가난한 사람은 돈이 없으면서 매일 낭비를 한다. 그리고 **항상 돈이 없어서 자신이 낭비하는지도 모른 채 평생을 살아간다.** 자신이 낭비하고 있다는 사실을 왜 알지 못할까? **잔돈을 쓰기 때문이다.** 매일 100엔이나 200엔짜리(천원, 이

천 원) 동전을 쓰며 낭비하고 있는 것이다. 돈이 없으면 아껴야 하는데 주먹밥을 사러 편의점에 가서 함께 곁들여 마실 차도 산다. 차는 집에서 끓여 먹어도 되는데 말이다.

우리 집에서는 아들이 보리차와 우유밖에 마시지 않아서 보리차를 끓여 먹는다. 물론 보리차는 편의점에서도 팔지만 사 먹지 않는다. 그냥 돈이 없으면 아이가 마시는 걸 같이 마시면 된다. 어쨌든 지금은 돈이 없는 거 아닌가? 아이들은 쓴 차를 안 좋아해서 우유나 보리차, 탄산음료를 달라고 하지만, 콜라류는 몸에 나쁘기 때문에 우리 집에선 못 마시게 한다. 그래서 **절약하는 생활은 건강에도 도움이 된다**. 참고로 아내는 자기가 마실 거는 직접 만든다. 외출할 때 물통에 넣어서 갖고 다니므로 편의점에 갈 일은 거의 없고 당연히 마실 것도 사지 않는다.

무슨 낭비를 했는지도 모른 채 가난해지는 사람들

낭비에 대해 생각하지 않는 사람은 편의점 계산대 옆에 진열된 '할인 상품' 같은 것도 장바구니에 담는다. '술은 싼 발포주만 마시기'로 정해놓고 "어쩌다 한번은 괜찮겠지"라며 비싼 프리미엄 몰츠 맥주를 딱 한 캔 사지만, 그 '어쩌다'가 상당히 많다. 또 3일 전에 프리미엄 몰츠를 마시고선 또다시 "벨기에 산 맥주를 팔길래 사봤어. 가끔은 마셔도 되잖아"라며 아내에게 자신의 행동을 정당화한다.

'돈이 없다'면서 일주일에 2번 초저가 이자카야에 가고 '싸다'며 또 간다. 초저가라고 해도 한 번에 3만 원 정도 쓸 경우 두 번 가면 6만 원이다. 이렇듯 가난한 사람은 '초저가'란 단어에 현혹돼서 자잘한 돈을 낭비하기 때문에 **자신이 무엇을 낭비했는지도 모른 채 돈이 사라진다.** 결국, 생활도 점점 궁핍해져 간다.

한편 어느 정도 돈이 있는 사람의 경우를 보자. 단골 양복집에 가서 직원의 말솜씨에 넘어가 옷을 수백만 원어치나 사도 그 사실을 잊어버리지 않는다. 그리고 "음… 조금 흥분해서 많이 샀네"라고 자기 반성을 한다.

지출을 신경 쓰지 않아도 아무런 지장이 없는 억만장자가 아니라면, **자기 자신의 지출 행동을 반성하며 절약하기 마련이다.** 서민의 절약 방식과 달리 '크리스마스 때까지 명품 사지 않기', '새 골프클럽을 사고 싶지만, 다음 신제품을 사자'라는 식으로 절약한다. 준 부유층 정도에 해당하는 사람들이 자신이 대단한 부자가 아니라고 생각하는 경우이다. 내가 하는 절약 방법이기도 하다.

그러나 가난한 사람은 편의점에서 필요 없는 물건을 사고 잊어버리기 때문에 끊임없이 낭비를 하게 되고 결국 그 행동이 자신의 목을 조여온다. 가난하다고 표현했지만, 생각보다 가난하지 않은 평균 이상의 가정에서도 이런 낭비의 악순환이 존재한다. 그리고 그 악순환 속에서 돈이 사라져 간다. 처음에 갖고 있던 예금이 5천만 원이었다면 3년 후에 2천만 원으로 줄어드는 것이다.

한창때와 비교하면 최근 내 수입은 많지 않다. 그렇지만 수입이 제일 많았을 때 산 것과 사용한 것은 모두 기억하고 있다. 가격이 꽤 나가는 것들이기 때문이다. 지금 생각하면 '심각한 낭비'였고 지금은 반성하며 철저히 절약하고 있다.

낭비한 품목 중 가장 비싼 것은 자동차다. 그때는 항상 고급 차를 2대씩 소유했다. 게다가 자동차 정기검사도 받기 전에 새 차로 바꿨다. 지금은 4년째 스포츠 타입의 에코카 '혼다 CR-Z'를 소중히 타고 있다. 스타일에 반해 충동구매 한 자동차이지만, 여기서 새 차를 뽑으면 낭비가 되므로 계속 타고 있다.

"겨우 혼다 차나 타는 주제에 일류? 그 프라모델처럼 생긴

차를 타고 고급호텔에 간다고?" 이런 비난도 받지만, 딱히 상관없다. 벤츠를 살 돈이 있어도 지금 타는 CR-Z가 자주 고장 나기 시작했을 때 다음 차를 살 생각이고 또 무조건 벤츠를 살 생각도 없다. 자동차 정기검사를 받을 때까지 탈만큼 애정을 느끼고 적당히 품격 있는 차를 선택할 것이다. 단언컨대 혼다 CR-Z를 서민 차라고 말할 수 없다. 경제적으로 여유가 있고 차를 좋아하는 중년 이상의 남성이 세컨카로 탈만한 차니까. 물론 호텔 입구에도 잘 어울린다. 일류냐 삼류냐는 논쟁의 대상으로 삼는 것 자체가 우스운 일이다.

단지 혼다 차라는 이유로 비아냥대는데 만약 BMW가 같은 종류의 차를 출시한다면 당신들은 브랜드 이미지만 보고 '고급스럽다', '멋있다'고 하겠지? 차를 잘 모르는 사람들의 비판은 결국 그 정도 수준밖에 되지 않는 것이다.

여자에게도 돈 낭비를 했다. 별로 좋아하지도 않는 여자에게 명품 가방을 선물한 적도 있다. 이시다 준이치(石田 純一)는 "여자한테 선물 주는데 쓴 돈이 몇억이나 된다"고 했지만, 나 역시 선물, 여행, 집세, 생활비, 미용 등 대충 계산해봐도 10년 동안 여자한테 3억 정도 썼다. 7, 8명에게 쓴 돈이지만 현재 남은 여자는 고작 2명뿐이다. 내가 먼저 헤어지자고 한 여자도 있고 선물만 받고 사라진 여자도 있다.

가난한 사람과 저소득층이 상당한 낭비를 하고 있다는 소리다.

내 말에 속이 뜨끔한 사람도 있겠지? 돈이 없으면 주변 사람이 피해를 입는다. 아닌 것 같다고? 돈이 없을 때 누군가에게 돈을 빌리거나 친구에게 볼멘소리를 하지 않나? 요즘 시대엔 트위터를 통해 앓는 소리를 하겠지? 나도 갑자기 돈이 떨어졌을 때 주변에 피해를 준 적이 있다. 아직도 주고 있을 수도 있다. 함께 반성하자.

부자는 스스로 움직이고 가짜 부자는 뭐든지 돈으로 해결하려고 한다

돈의 사용법에 품격이 드러난다

"하룻밤에 2억 원을 사용했다"

TV에서 한 중견 연예인이 한 말이다. 이 말에서 품격을 느낄 수 있는가?

얼마 전 미국 라스베이거스에 갔다 왔다. 그때 누군가가 "네가 라스베이거스에 갔으면 기본 몇억 원은 썼겠지?"라며 메일로 시비를 걸어오더니, 또 다른 여자는 "나는 해외에서 약 일주일 동안 3억이나 썼어"라며 자랑을 해왔다. 자기 돈이 아니라 남자 돈을 쓴 주제에 말이다.

누가 누가 더 돈을 많이 쓰나 대회처럼 점점 유치한 비난들이 속출하더니 결국 "여자친구한테 한 달 용돈으로 몇천만 원씩 줄 수 있냐?"는 얘기까지 나왔다.

"얼마짜리 아파트에 사는데? 난 몇십억짜리 아파트야."

"겨우 2천5백만 원짜리 차? 어이가 없네."

가난한 사람의 비난은 유치한 데다 질투에 가득 차 있으며, 가치 판단도 불가능하다.

돈을 많이 가질수록 훌륭하다면 세계부자 순위에서 1위인 사람이 세상에서 가장 훌륭하다는 말인데, 세상에는 노벨상과 금메달도 있고 여성스러운 삶을 사는 미인도 있다. 부와 명예를 가진 사람들이 먹는 고급요리의 재료를 열심히 생산하는 농업인도 있다. 어떤 면에서는 그런 사람들이 더 훌륭하다.

그러나 가난한 사람은 그렇지 않다. 난 아쿠타가와 문학상을 받는다며 부인과 자식을 극심한 가난에 몰아넣고 빵의 가장자리만 먹게 한 남자를 인정하지 않는다. 적당히 돈도 가지고 있고 열심히 사는 사람한테 "연 수입 1억 5천? 너보다 잘 사는 사람은 훨씬 많아. 삼류 주제에"라며 시비 거는 놈들의 공통점은 하나 같이 가난하다는 것이다. 정말이지 역겨울 정도로 혐오스러운 존재들이다.

또 앞에서 언급한 연예인이나 다단계 사기꾼 요자와 츠바사처럼 저급한 부자도 혐오한다. 하룻밤에 2억 원을 쓰고 5억짜리 리무진을 현금으로 사며 애인에게 몇천만 원짜리 시계를 세 개나 사주는 건 쉽지 않은 일이다. 하지만 그걸 TV에서 자랑하면서 말하는 것도 좀 그렇고 화려하게 즐기는 모습을 자랑한들 그 누구도 존경하지 않는다. 그냥 "차를 좋아했는데 드디어 제 드림카 페라리를 샀습니다"라고 부자로서 품위 있게 얘기하면 되는 것이다.

"리무진에 운전기사까지 있는데 어때?"라며 큰 소리로 웃어봤자 전혀 있어 보이지 않는다. 또 하루가 멀다고 돈다발과 미녀를 과시하는 남자는 인성이 갖춰지지 않은 것이기 때문에 존경할만한 점이 하나도 없다.

내가 하룻밤에 여자와 술에 쓴 돈은 많아 봐야 5백만 원이 채 안 된다. 앞에서도 말했지만, **아무리 돈이 남아돌아도 스위트룸을 자주 이용하지 않는 것처럼 자신에게 필요 없거나 맞지 않는 것은 하지 않기 때문이다.**

자신의 연 수입에 맞게 연출하는 것이 진짜배기

그럼 나는 어떻게 하냐고?

여성이 태어난 연도에 제조된 샤토 마르고 와인을 준비해서 파크 하얏트 도쿄 호텔의 스위트룸이나 한 단계 낮은 등

급의 방을 예약한다. 샤토 마르고 와인은 12세기부터 존재한 세계에서 가장 유명한 와인 중 하나이다. '와인의 여왕'이라고 불리기도 한다.

처음에는 여자친구가 태어난 연도의 샤토 마르고를 찾지 못해서 파크 하얏트 호텔을 통해 매장을 찾았다. 호텔에서는 "와인의 침전물 때문에 적어도 1주일 이상은 숙성시켜야 합니다. 숙박일까지 보관해 드리겠습니다"라고 말해주었다. 여자친구 생일 당일, 파크 하얏트 호텔에서 함께 점심을 먹고 체크인 후 수영장에 갔다. 여자친구에게는 일반적인 수영복 대신 V라인 제모가 필요한 과감한 수영복을 입게 해 '특별한 날'이라는 것을 자각시켰다.

그리고 저녁 식사를 하기 위해 유명 레스토랑인 '지랑돌(Girandole)'에 갔다. 생일 축하 노래를 불러주는 서비스가 있었지만, 창피하므로 그냥 라이브 연주를 들으며 고급 프랑스 요리를 먹었다. 식사 후 깜짝 이벤트로 준비한 케이크를 먹다가 남기고 얼마 뒤에 집시처럼 보이는 직원이 호텔에서 준비한 샴페인과 샤토 마르고를 가져다주었다. 이건 부탁했던 서비스가 아니었지만, 직원은 준비한 와인을 아주 정성스럽게 건네주었다. 꽃다발 속에 들어있는 와인은 1980년 산

샤토 마르고. 오래된 만큼 코르코 마개가 삭아있었다. 이렇게 많이 삭은 코르크 마개는 경험이 없는 사람은 물론이거니와 숙련자도 많이 실패한다. 실제로 당시에도 부서진 마개가 병 속에 들어갔는데 침전물까지 들어 있어서 마시기 힘들 것 같았다. 하지만 직원은 프로답게 와인 속 코르크 마개와 침전물을 제거한 뒤 잔에 따라주었다. 그런 상황을 대비해서 특수 장비를 가지고 있었던 것이다.

샤토 마르고의 가격이 얼마나 했는지 기억은 안 나지만, 그날 쓴 금액이 총 5백만 원도 안 됐던 것 같다. 이 정도면 충분하지 않을까? 그 이상의 깜짝 이벤트를 준비하려면 고가의 보석을 사는 수밖에 없는데 여자친구에게는 이미 불가리 목걸이와 tiffany & co 반지를 선물했었고 자신도 선물이 맘에 든 건지 그 뒤로 선물을 요구한 적은 없었다. 돈만 있다 싶으면 "해리 윈스턴 다이아 반지가 갖고 싶어"라고 조르는 여자는 아니었다. 품위가 있었던 것이다. 선물을 많이 사줘도 계속 요구하는 여자도 있는데 미리 자신의 분수를 알 수 있게 가르쳐주어야 한다.

비싼 물건을 사들이면서 자랑하는 남자가 대단하다고 생각하진 않는데 뭐든지 가격으로 판단하려고 하는 유치한 남자가 많다.

"나는 연 수입 5억이다. 보아하니 넌 3억도 안 되는 것 같군."

돈을 쓸 때는 돈다발을 보이지 않고 품위 있게 사용하며, 품격 있는 말을 써야 한다. 이것이 가능한 남자가 바로 일류다. 아무튼 나는 '품격이 낮은 것'을 싫어하지만, 그렇다고 '검소한 것'을 좋아하는 것도 아니다. **뭐든지 '중상(中上)'이 멋지다고 생각한다.**

앞에서 왜 샤토 마르고 와인 얘기를 했는지 아는가? **부자가 됐다며 자신의 재력에 취한 남자는 사고능력을 상실한다.** 여자친구가 태어난 연도에 만들어진 와인을 찾아볼 생각도 못 하겠지. 스스로 움직이지 않고 **뭐든지 돈으로 해결하려고 하기 때문이다.** 호텔에 5천만 원을 건네며 "이걸로 다 준비하고 당일에 마중도 나와"라는 식이다. 이런 방법을 좋아하는 여자가 있기나 할까? 감동하는 여자가 있다면, 꽤나 권력 같은 걸 좋아하는 여자가 아닐까?

힘들 때 날 도와준 가게를 도울 수 있는가?

2001년 미국 911테러가 발생했을 즈음, 나는 파크 하얏트 도쿄 호텔을 적극적으로 이용했다. 호텔 측에선 외국인 고객이 급감하여 난감한 상황이었고 당시 나는 '돈이 있으면 스위트룸을 이용해야 한다'는 생각에 스위트룸에 묵었다. 내가 고작 기념일 패키지로 호텔을 이용하고 와인을 부탁해도 좋은 대접을 받은 건 호텔에서 자주 이용하는 고객을 체크하고 있었기 때문일 것이다. 내 말을 이해하지 못하는 가난한 사람들은 "네가 아무리 고급 호텔에 묵어도 그 호텔은 대부호밖에 상대하지 않는다"고 말한다. 대부호 손님이 오면 호텔 직원이 무릎 꿇고 발이라도 핥아주는 건가?

돈이 있으면 가질 수 있는 것도 많다. 쾌락을 얻을 수 있고 난교파티 같은 것도 직접 주최할 수 있다. 하지만 **사람과 사람의 신뢰 관계는 돈이 많을수록 견고해지는 것이 아니다. 품격도 중요하다.**

**부자를 목표로 해라. 단 저급해선 안 된다.
돈을 벌고 고가품을 사서 자랑해봤자 아무도 따라오지 않는다.**

아는 사람은 안다.

'한심하다'는 말 한마디로 무시당할 뿐 존경받는 일 따윈 없다. 자신이 부자라고 생각하는 사람을 한번 관찰해보기 바란다. **겸허한 자세로 좋은 가게와 품위 있는 인간을 상대로 신뢰를 쌓고 있을 것이다.**

독자 Q&A ①

Q

자기계발 서적을 읽으면 성공하기 위해서 '상대방에게 최선을 다해라' 혹은 '계속 제공하라'라는 말이 자주 나옵니다. 여기에 대해서 어떻게 생각하세요? 상대방 눈치를 보면서 자신보다 상대를 위해 움직이는 일은 솔직히 더 이상 못 하겠습니다.

A

누가 그런 말을 했나? 사람은 자신의 쾌락, 즐거움에 우선 순위를 두고 꿈을 위해 행동해야 한다. 그러면 자연스레 날 응원하는 애인이나 부모를 위해 열심히 하게 된다. 애당초 사람은 혼자서 성공할 수 없다. 성공을 향해 가다 보면 도와주는 사람이 나타나는 법이다. 그러면 감사한 마음에 자연스레 그 사람을 위해 노력하게 된다. '계속 제공하라'고? 당신에게는 돈은 물론이거니와 일부러 누군가에게 애정을 쏟을 여유도 없지 않은가? 스스로 계속 노력하는 길만이 성공의 지름길이다.

제1장

연 수입 3천만 원에서 부자가 되는 방법

통찰력을 키워라

'세상의 상식'에 현혹되면 안 된다

세상에는 '진실'이 존재한다. '미인은 사흘이면 질린다'라는 말이 있는데 당연히 거짓말이며 진실은 '미인은 평생 봐도 질리지 않는다' 이다. '금과 먼지는 쌓일수록 더럽다'는 별로 들어보지 못한 속담이지만, 진실은 '금은 쌓일수록 좋다'이다.

이렇듯 세상에는 잘못된 '가르침'과 '정보'가 범람한다. 그 속에서 잘못된 것을 재빨리 구분하고 분석할 수 있는 남자는 분명 성공한 사람이거나 성공 예비군일 것이다. 물론 성공하지 못한 사람 중에도 그런 능력을 갖추고 있는 사람이 있다. 자기 가족을 소중히 돌보는 그릇이 큰 아버지에게서 많이 찾아볼 수 있다. 이런 아버지는 무엇이 올바르고 진실인지 아이들에게 가르쳐준다. 성공하지 못한 사람 중에도 있다고 표현했지만, 이들의 경우 성공한 아버지라고 할 수 있다.

세상에는 가난한 이와 평범 주의자를 '안심'시킬 만한 속담과 정보가 넘쳐나는데, 성공하지 못한 사람들은 그런 말을 종교나 자기 위안으로 삼으며 생활한다. 즉 **자신만의 말을 가지고 있지 않다.** 반면 **성공했거나 재능이 있는 사람은 자기만의 말을 가지고 있다.** 바로 신념이다. 신념을 가지고 있기 때문에 성공을 거두고 소수의 존재가 되는 것이다.

메이저리그의 우에하라 선수가 '마구', '닌자'라고 극찬 받으며 보스턴 레드삭스의 영웅이 되었던 것도 우에하라 선수가 가진 자신만의 신념을 투구에 담았기 때문이다. 성공한 이들의 책과 강연은 이런 유일무이한 성공을 거둔 사람의 말을 전달하기 위해 존재한다. 결코, 가볍게 봐서는 안 된다.

통찰력을 기르는 쉽고 빠른 방법

평범한 사람도 통찰력을 기를 수 있을까? 아쉽게도 그런 방법은 존재하지 않는다. 난 입에 발린 소리를 하지 않는 사람이다. 미각에 장애가 있는 사람한테 일본에서 제일 맛있는 덴푸라를 대접해도 맛을 모르는 것처럼, 통찰력이 없는 사람에게 "마을을 보고 무엇을 느꼈냐"고 물어봐도 원하는 대답은 돌아오지 않을 것이다. 하지만 여기까지 책을 읽은 독자에겐 독서를 할 수 있는 훌륭한 재능이 있다. 책을 읽지 않는 사람이 의외로 많은데 "글자가 싫다"면서 잡지나 신문조차 읽지 않는 사람도 있다.

만약 통찰력을 가지고 있지 않다면, 뛰어난 통찰력을 가진 남자가 쓴 책을 읽고 그의 지적 재산을 내 것으로 만들면 된다. 책을 사는 데는 만 원 정도 든다. 세미나에서 직접 들으려면 돈은 더 들지만, 무얼 선택하든 풍부한 경험을 가진 남자한테 얻는 지식과 지혜는 매우 소중하다. 우에하라 고지 선수가 은퇴 후에 강연회를 연다면 가보고 싶지 않은가?

최근 내가 무의식 중에 복권판매소를 관찰하고 있다는 사실을 깨달았다. 가난한 사람의 대부분이 "부자는 나쁘다"고 말을 한다. "세금을 더 내야 한다"는 폭언도 내뱉는다. 그런데 그렇게 말하면서도 필사적으로 복권을 산다. 일등 당첨금이 30억이라고 했을 때 복권에 당첨되면 자신도 '나쁜 사람'이 되는데 말이다. 이런 모순이 또 어디 있는가? 부자를 욕하는 가난한 사람이 사실은 부자를 동경하고 있다는 증거이다. 옛날부터 지금까지 '서민의 꿈'이 복권이라면, 복권을 사는 행동은 '사실 내 꿈은 부자가 되는 거야'라고 본심을 말하는 것이나 마찬가지다.

가난한 사람도 속으로는 부자를 동경하고 있는 것이다. 정확하게 말하면 많은 돈을 원하고 있는 것이지만, 돈이 많아지면 당연히 부자가 된다. 변명의 여지가 없다.

프리랜서 아나운서 미노 몬타의 사례를 들면 이해하기 쉽다. 미노 몬타는 성추행 의혹과 아들의 스캔들로 인해 방송을 하차했지만, 주간지와 인터넷의 거센 비난에 대해 '왕따를 당하는 약한 사람이 된 기분이다'라며 불평을 토로했다. 그 와중에 고정자산세를 내지 못해 대저택을 매각하는 것도 시간 문제라며 흥미롭게 지켜보는 언론도 있었다.

이 사례에서 생각해 볼 문제는 많다. 미노 몬타가 아들의 스캔들 문제까지 책임을 지는 건 너무 하다는 것과 진짜 성추행을 했는가 등 여러 의견이 있지만, 내가 주목한 점은 고정자산세 부분이다. 고정자산세란 집을 가지고 있으면 수입이 없어도 부가되는 악마와 같은 세금으로, 국민들이 왜 이 세금에 대해 들고 일어나지 않는지 이해가 안될 정도이다. 그들은 그저 '한때' 부자였던 사람이 고정자산세로 고통받는 모습을 보고 크게 기뻐할 뿐이다.

미노 몬타는 고정자산세를 내도 경제적으로 큰 타격이 없을 수도 있다. 하지만 조상에게 저택이 세워진 땅을 물려받은 사람은 나이를 먹고 수입이 없어도 집과 땅에 대한 세금을 내야 한다. 결국 저택을 팔고 허름한 공용 주택에 살면서 괴로운 노후를 보내는 것이다. 이거야말로 부자를 가난하게 만드는 악질적 사회주의가 아닌가?

일본은 세계에서 가장 성공한 사회주의국가로 평가 받는 한편, 이상한 국가라며 비웃음도 사고 있다. 일본의 어떤 점이 외국인의 눈에 사회주의국가로 비춰지는지 잘 모르겠지만, 일본의 가난뱅이가 부자를 욕하고 실추시키며 세금 때문에 고생하는 부자를 보고 좋아하는 모습을 볼 때마다 '일본은 1억 명 인구 모두가 가난해지는 것이 목표인 무시무시한 사회구나'라는 생각이 들어 한탄스러울 뿐이다.

미노 몬타가 독설로 유명한 사회자였기 때문에 비난을 받는 것도 별수 없다고 얘기하는 사람이 많지만, 여기서도 생각해 볼 문제가 많다. 독설을 뱉지 않는 연예인은 모두 착한 사람처럼 보이는가? 행복한 가정을 주제로 한 TV광고가 있는데 난 그곳에 나오는 남성 탤런트를 보면 기분이 언짢아 진다. '어떻게 하면 저렇게 착한 척을 할 수 있는 거지?'라는 생각에 감탄만 할 뿐이다. '가정의 식탁' 광고에 독설 탤런트와 스캔들 파문 여배우를 한번 출연시켜봤으면 좋겠다. 그게 더 현실적일 테니까.

남자라면 누구나 한 번쯤 바람을 핀 적이 있고 성매매도 할 것이다. 게다가 연예인은 돈까지 많이 번다. 서민들 기준에선 돈이 많은 사람은 '**나쁜** 부자'다. 그런데 호감 연예인이라는 이유로 부자인데도 '착한 사람' 대접을 하다니, 제발 좀 나쁜 부자의 정의를 명확하게 내려주길 바란다.

"무라카미 펀드 같은 녀석들이 나쁜 부자다"라고? 법에 저촉되지만 않으면 무조건 착한 부자, 나쁘지 않은 부자가 되는 것인가?

당연히 동의하지 않을 거라 생각한다.

부자는 아무리 착해도 용서가 안 되고,

항상 부자들이 추락하기만을 바라고,

기무라 타쿠야의 TV 드라마의 시청률이 떨어지면 기분이 좋고,

마츠시마 나나코의 인기가 상승하면 남편과 격차가 생긴 것 같아서 즐겁지 않은가?

결국 '나쁜 부자'란, 일본의 대다수를 차지하는 돈 없는 이들의 소망이다.

나는 이 사실을 중학교 때 깨달았다. 당신은 몇 살이나 되어야 알게 될까? 일본은 치안에 관해선 높은 점수를 줄 수 있

지만, 돈과 관련해선 최악의 국가이며 열등감으로 뭉친 민족이라는 사실을 말이다.

당신이 '분석력'을 가지고 있지 않다면 누군가에게 배워야 한다.

책을 읽어야 한다.

- 미국에서 엄청난 성공을 거둔 사람이 쓴 책
- 당신이 혐오하는 호화로운 잔치와 큰돈이 움직이는 세계에 대해 쓴 책
- 당신이 혐오하는 쾌락과 섹스에 대해 쓴 책

당신이 공감하는 세계를 읽는 것이 아니다. **모르는 세계와 싫어하는 세계를 읽는 것이다. 그곳에는 인생을 바꿔줄 '힌트'가 담겨있다.**

만약 당신과 당신의 여자친구 둘 다 못생겼다면 '아름다움의 과학(The Science of Beauty)'이라는 책을 추천한다. 이 책을 읽고 절망감을 느낄지도 모르지만, 그것이 '진실'이라는 것만 알아도 진실을 얘기하는 능력을 가질 수 있다. 또 '돈=나쁘다'라고 생각한다면 '부자 아빠 가난한 아빠(Rich Dad Poor Dad)'를 읽어보고, 섹스가 순수한 사랑처럼 느껴진다면 '난교의 역사'(A History of Orgies)라도 읽어보길 바란다.

가난한 사람에게는 통찰력도 관찰력도 없다. '부자는 나쁘다'고 생각하는 순간 더 이상 아무것도 창출하지 못한다. 하지만 **책을 읽을 줄 아는 사람은 바뀔 수 있다.**

다른 사람과 반대로 행동하라

현명한 사람을 관찰하고 인간말종에게서 멀어져라

'바보'는 전염된다. 나는 입에 발린 말을 무척 싫어해서 직설적으로 말하고 혼나는데 세상에는 구제불능의 바보가 존재한다. 인구의 절반이 해당된다고 보면 된다. 정치와 경제에는 관심이 없고 매너도 지키지 않는 아줌마, 나쁜 남자만 골라 사귀는 여자, 폭력적인 말만 내뱉는 남자, 권력과 상사에 무조건 복종하는 남자 등 이 사람들이 좋아하는 것을 하지 않는 것만으로 당신은 발전할 수 있고 참된 인간이 될 수 있다. '사람을 무시하면 안 된다'고 하지만, 반면교사란 말도 있듯이 **인간말종을 잘 관찰하고 그 사람을 따라 해서는 안 된다.**

예를 들면 나는 차를 좋아하지만,
- 아줌마가 타는 차
- 경차
- 야쿠자가 선호하는 차

이런 종류의 차는 철저히 배제한다. 미니밴도 타지 않는다. 어쩌다가 초저가 회전 초밥집에 간 적이 있는 데 가게 앞에 길게 주차된 차를 보고 '싸다고 독을 먹는 바보가 타는 차'라고 경멸하기 시작했다. 이러한 내 인간성을 싫어하는 사람이 많지만, 그럼 어째서 그렇게 깨끗한 척을 하는가?

'사람을 무시해선 안 된다'

'자신을 대단하다고 생각하지만, 사실은 네가 열등감을 느끼는 것'

'같은 사람을 경멸하다니 인간도 아니다" 이런 말을 듣곤 하는데 애당초 그런 허울 좋은 말을 하는 사람이 더 악랄하다. 앞에서도 말했지만, "부자는 나쁘다"고 말하면서 복권을 사는 사람들과 나는 다르다. **솔직하게 사는 것뿐이다.**

어제 차를 운전하다가 사거리에 들어섰는데 경차가 달려왔다. 경차는 일시정지를 해야 했고 이쪽은 우선도로라서 일시정지를 하지 않아도 됐다. 하지만 나는 경차를 운전하는 아저씨 얼굴을 보고 속도를 줄였고, 아니나다를까 경차는 멈추지 않은 채 그대로 밀고 들어왔다. '경차를 타는 아저씨는 대부분 바보'라는 생각을 하고 있어서 사고를 피할 수 있었다. 운전자의 얼굴을 보면 그 사람이 좌우를 확인할지 안 할지를 알 수 있다. 이렇듯 **어떤 사람이 바보고 현명하고 지성적인지를 판단할 수 있으면 내 생명도 지킬 수 있다.** 그런데도 나를 비판하는 사람들은 뭐가 그렇게 맘에 안 드는 건지 편지라도 한번 받아보고 싶다.

부자가 집단을 싫어하는 이유

나는 외식을 할 때도 철저하게 따진다. 가난한 사람이 선호하는 가게는 오로지 긴급 상황에만 이용한다. 천둥 번개를 피하기 위해 소고기덮밥 체인점인 요시노야에 들어갔던 것 말고는 단 한 번도 이용한 적이 없다.

미리 말해두지만 **가난한 사람이 모두 바보라는 것은 아니다.** 다만 가난한 사람일수록 바보일 확률이 아주 높다는 것이다. 청렴하고 조용하게 사는 사람을 제외하면 (뒤에서 언급할 산기슭 마을 '봇카') 극단적으로 돈이 없는 사람은 대부분 일을 잘 못 한다. 그런 사람들이 모이는 장소가 패스트푸드점이다. 싸기도 하고 **다른 바보와 공간을 공유하는 것에 대해 거부감이 없기 때문이다.**

매너를 지키지 않는 사람을 보면 열불이 나서 그 자리를 뜨고 싶지만, 매너를 지키지 않는 사람은 그런 걸 봐도 전혀 신경 쓰지 않는다. 옛날에 경마를 하다 뼈저리게 느낀 적이 있다. 마권은 한 장에 천 원부터 살 수 있는데 천 원어치씩 사는 남자들은 매너라고는 찾아볼 수 없다. 의자 위에 신문을 올려놓고 마권을 사러 가거나 무언가를 먹으러 간다. 모두 자유석인데 말이다. 당시 초등학교 1학년이었던 아들이 "저건 나쁜 행동이죠?"라고 나한테 물어볼 정도였다. 마권은 쓰레기통이 아니라 아무데나 던져버리고 기수에게 '죽어'라고 욕하며 고함을 친다. 말의 뼈가 부러져서 경기가 중단되면 화를 낸다. '불쌍하다'는 말은 찾아볼 수가 없다. 100만 원 정도 배팅했다면 어느 정도 화를 내는 것도 이해가 가지만, 겨우 3천 원 잃고선 패배한 기수에게 죽으라고 말하는 것이다. 그야말로 비인간적 행동이다.

하지만 전에 있었던 만원 단위로만 살 수 있는 마권 판매소는 분위기부터 달랐다. 조용한 분위기 속에서 점잖은 남자들은 가방에서 꺼낸 만 엔(십만 원)짜리 지폐로 마권을 샀다. 그리고 마권만 사고선 바로 판매소를 빠져나갔다. 아마 근처 호텔이나 회사 사장실에서 TV로 경기를 관람했을 것이다. 만원 단위 마권 판매소는 깨끗하다. 그런데도 그 자리를 벗어날 정도로 **부자는 집단을 싫어한다. 가능한 집단과 얽히려고 하**

지 않는다. 일반 사회를 싫어한다고도 할 수 있다. **집단은 어리석기 때문이다.** '우민(愚民)'이라는 말도 있지 않는가?

사람은 멍청한 것을 보면 안 된다

집단은 패밀리 레스토랑에도 존재한다. 사람들이 계속 들락날락하는 패스트푸드점도 마찬가지다. 맥도날드 드라이브 스루와 초저가 회전초밥집 등 수준 낮은 대화와 더러운 양복이 난무하고 아이에게 천 원짜리 초밥을 먹인 남자가 우쭐대며 건방 떠는 곳. 엄청난 스트레스가 쌓이는 공간이다. 이런 집단 속에서 스트레스를 받지 않는 사람은 결국 같은 종류의 인간뿐이다. 나는 초저가 회전초밥집에선 단 10분도 앉아있기 힘들다. 그렇다고 엄청난 자산가도 아니기 때문에 매일 고급 식당에 갈 수는 없지만, 중요한 건 고급 식당이 무조건 좋은 가게는 아니라는 것이다.

즉 어리석은 집단이 이용하는 가게는 당신의 지성을 파괴하는 곳이므로 그런 집단이 없는 곳이라면 어떤 가게든 상관없다. 가장 좋은 예가 수타 소바집이다. 뒤에서도 다루겠지만, 초저가 회전초밥집에서 무턱대고 많이 먹는 것보다 맛있고 건강에도 좋다. 가격도 훨씬 저렴한데다가 바보도 거의 없다.

얼마 전 야간에 운전을 하는데 열이 났다. 감기에 걸린 듯했다. 여자친구가 좀 쉬라고 해서 카레 체인점 CoCo이치방에 들어갔다. 그리고 가게 안에선 작업복 같은 옷을 입은 남자가 의자에 드러누워 카레를 먹고 있었다. 수타 소바집에서는 그런 남자를 본 역사가 없다. 이게 얼마나 중요한 얘기인지 당신은 이해할 수 있는가?

사람은 멍청한 것을 보면 안 되는 것이다.

교육에 안 좋은 TV 예능 프로그램은 신랄한 비판을 받는다. 그래서 TV를 볼 때, 사람들은 보통 "이런 한심한 방송은 아이들에게 독이다"라고 비난하지만, 아이들이 밖에서 바보를 보는 건 신경 쓰지 않는다. 이런 모순이 또 어디 있나?

일본의 개그맨 고쿠라쿠 돈보가 프로레슬링 기술로 AKB48 멤버를 던지고 발길질 한 장면을 내보내 오랫동안 욕을 먹고 있는 TV 프로그램이 있다. '여자를 차는 게 재밌냐?', '뭐 이런 질 떨어지는 방송이 다 있어?'라고 화내는 사람들 중에는 다음날 태연하게 패밀리 레스토랑에 가는 사람도 있을 것이다. 그리고 자기 아이가 음식을 흘리든 말든 신경도 안 쓰고 주의도 주지 않을 것이다.

바보는 자신이 무슨 말을 하는지도 이해하지 못한다. '부자는 악당', '더럽다', '벤츠를 타는 사람은 나쁜 짓을 하는 사람'이라고 말하지만, 다음 날 운전을 할 때 일시 정지 표시를 무시하고 반성도 하지 않는 사람들이다.

나는 즉흥적으로 식당에 들어가는 걸 싫어한다. 그렇게 해서 맛있었던 적도 거의 없고 매너를 지키지 않는 손님이 꼭 한 명은 있기 때문이다. 다마치역 앞 빌딩에 있는 레스토랑에 갔을 때도 대낮부터 취한 손님 둘이서 큰 소리로 싸우고 있었다. 거기다가 음식도 맛이 없었다. 성형외과에서 길게 치료를 받기 전에 미리 밥을 먹으려고 급하게 들어갔지만, 정말 별로였다. 그 뒤로는 내가 잘 아는 가게나 지인에게 소개받은 가게 말고는 가지 않는다. 아무리 배가 고파도 가지 않는다. 배가 고파서 정말 쓰러질 것 같을 때는 약국에서 영양제를 사 먹는다. 그만큼 나는 일반 레스토랑과 패스트푸드점을 싫어한다.

얼마 전 긴자에 있는 초밥집에 갔더니 뭔가 소란스러웠다. 보아하니 한 손님이 심하게 취해 큰 소리로 말하고 있었다. 흔히 볼 수 없는 광경이긴 하나 고급 식당에서도 그런 일은 벌어진다. 다만 고급 식당은 그런 행동을 용납하지 않는다. 식당 여성이 나를 보더니 "손님, 잠시만 기다려 주세요. 바로 쫓아내겠습니다"라고 말하며 죄송스러운 듯 쓴웃음을 지었다. 정말 속 시원한 대처였으며 지성과 품격을 갖춘 세계를 제대로 보여주는 사례였다.

당신들도 이런 일류의 대처법을 터득하길 바란다.

발전 없는 회사에 눌러앉지 않을 것

20대에 여자와 취미에 빠지면 대성하지 못한다

젊었을 때 여자대학교에서 직원으로 근무한 적이 있다. 맥가이버처럼 잡다한 일은 다 했다. 교원이 사용하는 교재를 준비하고 시설을 수리하거나 학교 축제를 돕기도 했다. 여학생들은 남자의 시선은 신경도 쓰지 않고 복도에서 옷을 갈아입었고 동료 직원 중에는 학생과 결혼한 사람도 있었다. 남자에게는 그야말로 천국 같은 직장이었다.

내가 여자를 좋아하는 건 천성인 것 같다. 이유는 잘 모르지만, 강한 부성을 가지고 있고 누군가를 지켜주고 싶은 마음이 한없이 솟구치는데 그래서인지 어린 여자를 보면 호감이 간다. 어린 여자의 에로틱함을 보기만 해도 좋고 물론 섹스도 좋다. 나이가 들면 변하지만, 당시 20대 후반이던 나에게 여자대학교 직원은 천직이라고 해도 과언이 아니었다. 하지만 나는 친한 동료에게 '작가가 되려면 이 일은 오래 할 수 없다'고 얘기했다.

여자와 일, 무엇이 중요할까? 바보 같은 질문이지만, **일보다 여자를 중요시하면 대성할 수 없다.** 물론 여자를 중요시한다는 건 섹스를 말하는 것이다.

예를 들어 남자가 매일 섹스를 할 수 있는 여자를 발견하면, 공용주택이나 싼 아파트를 빌려 섹스를 위한 최소한의 환경을 갖추려 한다. 섹스를 위해 업무량도 적당하게만 유지하고, 신혼일 경우 아내 말고 가끔 매춘이 가능한 정도만 돈을 벌면 그걸로 만족한다. 남자는 섹스를 생활의 중심에 두거나 유일한 취미로 삼으면 의외로 성장하지 못한다. **섹스는 돈을 쓰지 않아도 가능하기 때문이다.**

당시에는 젊어서 이런 생각을 못 했지만, 여자들과 접촉할 기회가 수없이 많은 여자대학에 계속 있으려고 하지 않았던 건 그만큼 '일'을 중시했기 때문이다.

남자는 젊었을 때 '여자'와 '취미'에 빠질수록 성공에서 멀어진다.

상사의 급여를 보면 알 수 있는 당신의 한계

하루는 학교 정문에서 교실까지 걷고 있는데 같이 있던 남성 직원이 갑자기 이렇게 말했다.

"넌 한 방을 노리는 거지? 부럽다" 넓은 캠퍼스를 걷던 동료 직원이 한숨을 내쉬며 지친 표정을 지었다.

"한 방?"

"베스트셀러 하나 내면 억만장자잖아?"

'그런 뜻이었군….'

당시 나는 돈에 대한 생각은 별로 없었지만, '좋은 작품을 쓰겠다', '문학상을 받겠다' 등 비교적 명예욕을 가지고 있던 편이었다. 그리고 그때 당연한 생각이 뇌리를 스쳤다

'내가 부러우면 자기도 한 방을 노릴 수 있는 직업을 가지면 되잖아?'

이해가 되지 않았다. 한 방을 노리는 직업은 리스크가 크다고 생각한 걸까? 한 방을 노려도 일을 하면서 어느 정도 수입을 얻을 수 있다. 작가로 예를 들면, 베스트셀러를 내기 전까지는 소소한 히트작을 내면서 연 수입 5천만 원 정도로 생활을 하게 된다. 연 수입 5천만 원이면 직장인의 수입과 비슷해서 한 방을 노리면서 생활하는 것이 그렇게 리스크가 크다고

는 할 수 없다.

각종 수당과 보증이 없기 때문에? 분명 작가라는 직업은 주택 수당이 나오지 않는다. 하지만 보험 등이 리스크를 크게 줄여주는 것도 아니고 실업급여도 엄청나게 큰 액수는 아니다. '프로야구 선수는 부상을 입는 순간 모든 게 끝이다'라고 말하는 사람도 있지만, 직장인도 우울병, 직장 상사에 의한 스트레스, 구조조정 등 항상 위험과 맞닥뜨리고 있다. 최근에는 운동 선수가 부상을 입는 것보다 직장인이 우울증 같은 정신병에 걸릴 확률이 오히려 높지 않을까? 작가도 조직생활을 하지 않기 때문에 그런 종류의 병에 걸릴 일은 없다. 나는 청소년기부터 앓고 있는 지병은 있어도 편집자로 인한 스트레스는 없다.

동료 직원이 나를 보고 부러워한 것은 내가 목표로 하는 직업이 나를 부자로 만들어줄 수 있다고 생각했기 때문이다. 그리고 자신에겐 불가능하다고 생각했을 것이다. 그리고 현재 직업으로는 수입에 한계가 있다는 것도 알고 있었다. 당신도 그렇지 않은가?

회사 상사가 받는 급여를 보면 아무리 노력해도 한계가 있다는 것을 알 수 있다. '연 수입 3억이 꿈'인데 회사 임원 중 연 수입 3억 원을 받는 남자는 없다. 그런데도 그 회사를 떠나지 않는다. 뭔가 이상하지 않은가? 내 직업은 글을 쓰는 일이고 베스트셀러를 내면 연 수입은 한 번에 늘어난다. 하지만 히가시노 게이고 같은 작가를 제외하면 매년 베스트셀러 작품을 내는 작가는 많이 없다.

한방을 노린다면 부업을 찾아라

그렇다면 어떻게 해야 하는가? 나라면 부업과 함께 투자도 생각해본다. 지금도 컨설팅 쪽 일을 하고 있고 옛날엔 부업으로 경마에 관련된 일을 했다. '한 방을 노리는 건 리스크가 크다'고 말하지만 리스크를 피하는 방법은 얼마든지 있다. 한 방에 10억을 벌지 못하는 기간 동안 꾸준히 천만 원을 벌면 된다.

'그게 말로만 쉽지. 아무한테나 가능한 일이냐?'고 생각하는 사람도 있을 것이다. 그렇다면 직장생활은 쉬운가? 쉽고 어려운 일은 따로 정해져 있지 않다. 쉬운 일은 하나도 없다. 다만 상대적으로 당신이 쉽게 느끼는 일은 존재한다. **그 일이 연 수입 3억을 노릴 수 있는 일이라면 그걸 하면 된다.**

한 번에 10억을 버는 게 꿈인데 당신은 그게 불가능한 일을 하고 있다. **불가능하다는 건 그 일을 해서 억만장자가 된 사람이 거의 없다는 뜻이다.** 나는 억만장자가 되기 위해 글쟁이가 된 것은 아니지만, 초대형 베스트셀러를 탄생시킨 작가는 무수히 많다. 따라서 확률은 높다고 볼 수 있다.

예전에 지인 중에 택배업을 시작한 남자가 있었다. 몇 년밖에 지켜보지 않았지만, 지인의 생활은 점점 궁핍해져 갔다. 일본에서 택배업으로 크게 성공한 사람은 극소수에 지나지 않았을 텐데 오히려 그 점을 노렸던 걸까? 그거야말로 리스크가 크지 않았을까?

나는 당신이 돈을 얼마나 원하는지 모른다. 하지만 50세에 연 수입 1억 6천만 원이 목표라면, 현재 50세인 동료를 보고 그 가능성을 따져볼 수 있다. 너무 당연한 사실인데도 의외로 이 점을 간과하고 성장 한계에 다다른 회사에 계속 남아있는 남자가 많다.

필사적으로 일하면 안 된다

일을 하면 할수록 부자에서 멀어진다

어젯밤, 여자에게 십만 원을 주었다. 나는 결코 부자라고 할 수 없지만, 가끔 새로운 여자에게 돈을 준다. 섹스와 상관없는 '생활비' 명목으로 주는 것인데 그때마다 이런 생각을 한다. '십만 원 정도야 내일 또 들어오겠지.'

여기서 '십만 원을 버는 방법'이나 '매일 돈이 들어오는 방법' 같은 걸 말하고자 하는 건 아니다. 가난한 남자들을 보면 매일 필사적으로 일하거나 게으름만 피우는 경우가 대부분이다. 아침 일찍 출근해 중노동을 하거나 싸구려 임금을 받으며 일하고 밤 늦게 집에 온다. 니트족이나 그런 부류의 남자는 하나같이 가난하다.

세상은 원래 극단적인 것들로 이루어져 있는 법인데도 나는 이런 비판을 자주 받는다.

"네가 하는 말은 다 극단적이다."

하지만 극단적으로 장시간 중노동을 하든 니트족처럼 게으

름을 피우든 돈은 생기지 않는다.

얼마 전, 탤런트 시무라 켄의 로드매니저 모집 광고를 보았는데 '실제 근무 7시간'이 조건이었다. 옛날에는 12시간 이상도 일했겠지만, 지금은 7시간 정도만 일하고 있다는 뜻이 된다. 시무라 켄은 당연히 부자다. 그러므로 **중노동, 장시간 노동을 하지 않는 사람이 부자**라는 것을 알 수 있다. 예외라고 한다면 인기 아이돌 정도일까?

쉽게 말하면 결국 **일을 하면 할수록 부자가 될 수 없다**는 말이다. 물론 일을 전혀 하지 않으면 돈은 들어오지 않는다. 불로소득을 꿈꾸는 젊은이는 많지만, 그걸로 성공할 확률은 낮다. 그 이유는 뒤에서 설명하겠다.

극단 적인 노동 행위로는 실리를 얻을 수 없다. 특히 장시간 노동을 하는 사람의 경우, 정당한 이익을 얻지 못 하고 있진 않은가?

나는 리얼리즘 작가라서 내 얘기밖에 못 한다. 또 자랑질이냐고 화를 내겠지만, 이제는 좀 너그러이 봐줬으면 한다. 그래서 내 얘기를 해보자면 난 마감에 쫓기지 않는 하루 집필 시간이 5시간도 안 된다. 그 외에는 주식 거래, 웨이트 트레이닝, 골프 연습을 한다. 또 컨설팅도 꾸준히 하고 있는데 한

달에 한두 번 정도 고객이 찾아온다. 컨설팅이라고 해봤자 대단한 건 아니고 내 특기를 살려서 연애 상담 카운셀링을 하고 있다. '카운셀링'이라고 하면 병원 같은 느낌이 들어서 홈페이지에는 '컨설팅'이라고 써놨다. 인생 상담도 같이 하고 있지만, 컨설팅 전문가인 척 경영상담을 하는 것도 아니고 악질 스폰서를 소개해서 돈을 뜯지도 않는다.

돈을 벌 수단을 갖춰라

'주식'에 주목하라. 주식시장은 오전 9시부터 오후 3시까지 열린다. 직장인이 근무하는 시간에 장이 열리는데 그 말인즉슨 직장인들은 지켜만 보라는 뜻이다. 즉 '상대는 투자가이지 직장인들한테는 볼 일 없다'는 말이다. 직장인들이 타깃이었다면 저녁 시간에 개장을 했겠지만, 그런 일은 절대 일어나지 않는다. 반면에 다른 도박들(주식은 도박이 아니지만)은 토요일, 일요일에 열리는 경우가 많다. 이런 도박은 직장인을 대상으로 하려는 것이다.

하지만 **돈벌이는 매일 하지 않으면 안 된다. 저임금을 받는 당신의 본업 말고 무언가를 매일 해야 된다는 말이다.** 툭 까

놓고 말해서 직장인이 가끔 경마장에 가도 크게 따는 경우는 없다. 초심자의 행운이 찾아올 수는 있어도 어차피 다음에 가면 잃게 돼있다.

일본에는 '계속하면 힘이 된다'라는 속담이 유명하다. 그러나 저임금을 받으면서 계속 일해봤자 힘으로써 얻을 수 있는 건 '강한 근성' 정도이며 그 밖에 것은 기대할 수 없다. 재능이 필요하지 않은 분야에서 계속 일해봤자 계속하면 힘이 되는 게 아니라 쓸데없이 고생만 하게 된다.

돈을 벌기 위해 매일 무언가를 한다면 어지간한 일이 없는 이상 크게 실패하진 않는다. 크게 실패하는 사람은 자기계발을 소홀히 하고 도박에 뛰어드는 사람이다. 결국 '얕보고 있다'는 뜻이다. 일을 쉽게 생각하고 하루 종일 파칭코 같은 걸 하는 사람도 마찬가지다. 아침부터 경마장에 가는 남자들이 크게 따는 경우는 거의 없다.

나는 책 쓰는 일 말고 매일 '무언가'를 하고 있다. 공개적으로 말할 수 있는 건 주식뿐이지만 그 **무언가**를 하기 때문에 여자한테 십만 원을 줘도 "어차피 내일이면 생기니까"라고 낙관한다. 이런 낙관주의도 돈을 버는데 효과적이다.

혹시 이렇게 생각한 적 없는가? '돈을 많이 벌면 아내한테 선물해야지', '보너스가 오르면 차를 구입해야지' 이런 생각만 해서는 계속 미루게 된다. **사람은 궁지에 몰렸을 때 비로소 지혜를 짜낸다.** 일단 돈을 다 써버리면 '그럼 이제 어떻게 하지?'란 생각을 하게 되는 것이다. 나는 계속 그렇게 해왔다. 파산하고 인세가 안 들어와도 1억짜리 차를 사겠다는 말이지만, 매달 3백만 원을 버는 남자가 생활비까지 털어서 긴자 클럽에 돈을 다 쓰지 않는 것처럼, 무식하게 일단 지르고 보란 뜻은 아니니까 오해하지 말길 바란다. 남자라면 2천만 원 정도하는 차를 뽑아서 조금 **빡빡하게** 생활해보면 어떠냐는 뜻이며 자살하지 않을 정도로 해보라는 것이다.

십만 원을 만드는 가장 쉬운 방법

지난 번에 미국 라스베이거스에 갔는데 택시를 너무 많이 타서 카지노에 가기도 전에 현금이 다 떨어졌다. 택시기사한테 바가지요금을 쓴 것이다. 전혀 다른 방향으로 운전하길래 사막이라도 데려가는 줄 알았다. 어쩔 수 없이 VISA 카드로 현금을 인출했지만, 귀국 후 그 사실은 까맣게 잊은 채 새 골프 클럽을 구입했다. "카드로 사면 할인됩니다"라는 말을 듣고 카드를 또 긁은 것이다.

그 전날 아베 총리가 소비세 인상안을 발표했다. 매우 불쾌했지만, 불쾌하고 분한 채로 국가권력에 당할 수만은 없는 일. '소비세가 8%로 오르면 이익을 보는 회사'를 필사적으로 생각해 아침 일찍 한 회사의 주식을 샀다. 그리고 오후에 주식이 급등해서 골프 클럽을 산 돈을 회수할 수 있었다. 갑자기 결정한 투자라서 몇십만 원밖에 안 됐지만 말이다.

이것도 내 직업이 시간에 구애 받지 않는 일이라서 가능한 것이지 장이 열리는 시간에 이미 회사 안에 갇혀있는 사람은 불가능하다. 그 생활을 못 벗어나겠다고? 거기까지는 나도 어떻게 해줄 수가 없다.

나는 내 얘기를 하는 것뿐이지 당신에게 억지로 하라는 게 아니다. 애초에 지금 생활에서 절대 못 벗어나겠다고 말하는 남자에게 '빠져 나오라'고 말해봤자 듣지도 않을 테고 이 책을 통해서 알려줘도 한쪽 귀로 들어가 다른 쪽 귀로 빠져 나올 것이다.

십만 원을 쉽게 만드는 방법은 '시간을 만드는 것'이다. 어쩌면 시무라 켄의 로드매니저가 된 남자는 로드매니저로 일하는 7시간 이외에 다른 무언가를 하고 있을 수도 있다.

시간을 만들어서 매일 투자나 다른 것을 하면 돈이 늘어난다. 잠깐만 생각해도 투자, FX, 선물거래, 채권, 금, 파칭코, 경마, 경륜, 경정, 로또, 넘버즈 복권, 토토 등이 있고 도쿄에 카지노가 생긴다는 소문도 있다. 이 정도면 평일과 주말, 매일 무언가를 할 수 있다. 확실하게 돈이 들어오는 본업과 이것들을 병행해서 '매일'하다 보면 뭐가 돈이 되는지 알 수 있다. 순수 도박인 로또를 해도 5, 6등을 곧잘 맞추는 사람이 있다.

"난 돈도 없고 회사에서 받는 급여도 적다"

이건 당연한 거다. 일본의 다른 직장인들도 별반 다르지 않다. 계속 불경기인 것이다. 그럼 그렇지 않은 사람들은 어떻게 하는 걸까? 이걸 생각해야 하는데 생각하질 않는다. **돈이 필요하면 거액의 자금을 가진 조직에서 가져오면 된다.**

'어디 한번 가져가 봐. 상대해 줄게' 녀석들은 말한다. 남자라면 도발을 받아들이고 승리의 함성을 질러보자.

주식 배당금과 우대 제도로
돈을 불려라

생활비를 벌기 위한 주식우대

 전 프로 장기기사 기리타니 히로토가 화제가 되고 있다. 나는 어릴 때부터 장기를 좋아해서 기리타니 히로토란 이름을 기억하지만, 설마 투자가가 됐을 줄은 꿈에도 생각 못 했다. 거품 경제가 붕괴하고 리먼 사태 등으로 꽤나 큰 손해를 입었지만, 지금은 주식 우대 혜택만으로 생활이 가능한 듯하다. 우선 독자에게 한가지 확실히 해두자면 기리타니 씨는 장기 7단의 실력자다. 프로기사 7단이면 대국료도 상당하고 연승을 하면 추가로 돈이 들어온다. 대국료 외에도 기본 급여를 받고 대국이 전혀 없어도 어느 정도 생활비는 나온다. 기리타니 씨가 거품 붕괴로 십억 원을 손해보고 다시 회복했다고는 하나 일반 직장인처럼 생각하지는 말자.

 주주우대제도만으로 생활한다……. 비슷한 사례로는 주부가 포인트를 모아 생활비로 쓰는 경우가 있다. 나도 파크24

의 주식을 갖고 있어서 타임즈의 주차권을 받고 있다.

"우대 혜택을 제공하는 주식만 사서 그걸로 생활할 수 있지 않을까?"라고 생각한 적도 있다. 하지만 갑자기 원하는 게 생기거나 신나게 놀고 싶을 때, **현금**이 필요하지 우대권은 별 쓸모가 없다. 여자와 섹스가 하고 싶을 때 성매매 우대권을 주는 회사가 있을까? 기리타니 씨도 독신이라 외로움을 탄다는 소문이 있다. 다만 당신이 하고 싶은 것이 거의 정해져 있다면 주식 우대제도는 큰 도움이 될 것이며 생활비도 절약할 수 있어서 예금도 늘어날 것이다.

가령 여행을 좋아하는 사람이라면 JAL이나 ANA의 주식을 보유해보자. 비행기운임을 할인 받을 수 있다. 비행기로 여행을 많이 다니는 사람한테는 유용하다. 쌀을 주는 회사도 있어서 식비도 아낄 수 있다. 열거하자면 끝이 없기 때문에 화제를 전환하면 **적은 주식만 보유해도 우대 혜택을 제공하는 회사를 집중적으로 공략하면 생활이 꽤 편해진다.**

구체적으로 당신이 주식에 투자하는 돈이 5천만 원이라고 하면 배당금으로 받는 돈은 연간 몇십만 원 수준밖에 안 된다. 부자는 배당금으로만 몇천만 원에서 몇억을 받지만 자본금 5천만 원으로는 많이 받지 못한다. 그렇다면 우대 혜택을 노리는 수밖에 없다.

하우스식품은 100주를 갖고 있으면 만 원어치 식품을 준다. 현재 100주에 150만 원 정도하니까 예금처럼 사두는 것이다. 오오츠카 홀딩스는 주당 3만 원에 100주부터 살 수 있다. 이렇게 100주부터 살 수 있고 우대 혜택이 좋은 회사 주식을 예금처럼 가지고 있으면 된다. 그럼 권리확정일로부터 몇 개월 후, 여름 명절(お中元) 선물이나 연말 선물처럼 물건이나 상품권 등이 집으로 배송된다. 식품을 받으면 그날 식비를 아낄 수 있고 여행 할인권을 받으면 싸게 여행할 수 있다. 그렇게 하면서 당신의 저축도 늘어나게 될 것이다.

단점은 하나도 없다. 굳이 꼽자면 주식이 하락했을 때 기분이 우울해지는 정도이다. '이대로 망하는 거 아냐?'란 생각이 들 정도로 하락할 수도 있다. 하지만 내 경험 상, 리먼 사태 때처럼 세계에서 동시다발적인 주가 하락 사태가 발생하지 않는 한 안정된 기업의 주식이 크게 하락할 일은 없다. 도쿄전력과 JAL의 사례가 있지만, 도쿄전력 주식을 보유한 사람은 운이 없었다고 할 수 있다. 기리타니 씨처럼 오로지 주주우대만으로 생활하기로 마음 먹었다면 주식이 하락해도 신경 쓰이지 않을 것이다.

부자의 돈이 늘어나는 진짜 이유

자, 당신들은 부자가 어떻게 돈을 불리는지 아는가? 이제는 감을 잡았겠지.

그렇다. **주식 배당금과 우대 혜택을 받는 것이다. 주식을 보유하지 않은 부자는 없다.** 만약 주식을 보유하지 않은 부자가 있다고 해도 그 사람은 부동산이나 채권 등 다른 투자를 하고 있을 것이고 선진국의 부자는 모두 안정된 대기업의 주식을 갖고 있다고 단언할 수 있다. 가만히 있어도 배당금이 들어오는 데다가 주식 보유수가 증가할수록 기업에 대한 발언권도 강해진다.

부자가 돈이 되는 시스템을 놓치는 경우는 없다. 하지만 가난한 사람은 그것을 놓친다. 내가 알고 있는 서민 남자들은 '주식 계좌를 만드는 게 무섭다', '어떻게 사는지 모른다'고 말하며 공부조차 하지 않는다.

한 부자가 아이를 데리고 놀이공원에 갔다고 하자. 부자는 해당 놀이공원의 주식을 갖고 있어서 놀이기구를 공짜로 타거나 반값에 탈 수 있다. 돈을 사용하지 않아도 된다. 한편 서민은 주식을 갖고 있지 않아서 놀이공원에서 돈을 낭비한다. 점점 돈이 없어진다. 반면에 부자는 수천만 원의 배당금까지 받는다. '여자친구에게 귀금속이라도 사줘야겠다'고 생각하니 타이밍 좋게 대기업 배당금이 들어오는 해피한 스토리다. 그래서 부자의 돈은 줄지 않는다. 비즈니스 경영에 실패하지 않는 한 유유자적 생활할 수 있다. 이 모든 게 우대혜택과 배당금 덕분인 것이다. 서민은 '배당금을 없애라', '배당금에 세금을 더 매겨라'라고 끊임없이 부자를 공격 하지만, 배당금이 없어지면 주식을 살 사람도 없어서 이 시스템이 없어질 일은 없다.

젊었을 때는 현금을 노려라

마지막으로 불로소득에 관한 얘기다. 기리타니 씨는 이미 할아버지 연배다. 젊은 사람은 '현금'을 노리라고 말해주고 싶다. 하우스 식품에서 주식 우대상품으로 카레를 받는다고 한들 아무런 쾌감도 얻을 수 없다. 나는 비록 타임즈의 주차무료권을 받고 기뻐했지만, 솔직히 찌질한 얘기다. 우대 혜택 같은 건 신경 쓰지 말고 오를 것 같은 주식을 사서 현금을 얻고 자신이 원하는 걸 사라. 이렇게 하는 게 그릇도 크고 남자다운 방법이다. 그렇게 하다가 우대 권리일이 지나면 우대권 혜택이 있는 기업은 알아서 뭔가를 줄 것이다. 우대 혜택이 없으면 없는 대로 주식으로 이익을 내서 팔면 된다. 현금을 가지고 있으면 여자도 살 수 있다.

나는 긴자에서 가장 비싼 땅을 소유한 미쓰코시의 주식을 노리고 있다가 권리일이 오기 전에 구입해서 우대 혜택을 받았다. 할인카드를 받았는데, 아내가 백화점 지하에서 쇼핑할 때 쓰거나 무료로 이벤트를 볼 때 사용할 뿐 나는 크게 관심이 없었다. 젊을 때는 이런 식으로 주식을 구입하는 게 좋지 않을까?

'돕고 싶은' 애인을 만들어라

'부성'을 지닌 남자는 성공한다

가난에 허덕이는 미소녀가 눈앞에 있다고 하자. 미소녀가 마음에 안 들면 미녀도 괜찮다. 단 서른 살이 넘어서도 가난하면 여자 중에 똑똑한 사람은 거의 없다고 봐도 무방하다. 본론으로 들어가기 전에 우선 이 부분을 정리해보자.

서른 살 정도 된 미녀가 가난하다면 그 미녀는 머리가 나쁠 가능성이 크다. 미녀라면 엘리트 남성을 잡을 수 있는데 그러지 않았다는 것이고 결국 나쁜 남자를 좋아한다는 뜻이다. 가난한 남자를 사랑하거나 폭력남을 좋아하고 남자한테 빚이 있는 걸 알면서 접근하거나 마마보이, 캥거루족과 사귀는 등…

그녀들은 사회적 지위가 높고 돈을 가진 엘리트가 눈앞에 있어도 그 남자는 무시하고 나쁜 남자에게 끌린다. 말도 안 되는 사상을 입밖에 내뱉는 등 엘리트 남성의 의욕을 크게 저하시키는 사회의 암적인 존재다. '사회의 암', '인간쓰레기'

남자의 대명사격 단어들이지만, 나쁜 남자를 좋아하는 여자도 그에 못지 않은 사회의 암 덩어리다.

다른 책에서도 말한 적이 있는데, 열심히 웨이트 트레이닝을 하는 남자한테 "난 통통하고 배 나온 남자가 좋아"라고 말하는 여자와 같은 레벨이다. 꼭 그런 말을 해야 하는가? 결국 어지간한 나이가 돼서도 독신으로 있는 미인은 상대하지 않는 게 좋다. 무언가가 결여된 모자란 여자다.

다시 본론으로 돌아가자. 미소녀라는 표현을 사용하면 '로리콘'을 생각하고 욕하는 사람이 많기 때문에 AKB48의 걸그룹 멤버들을 상상해보기로 하자. AKB48 멤버 연령대의 여자가 가난에 허덕이고 있다. 게다가 외모와 가슴, 엉덩이까지 모두 당신의 타입이다.

그 여자를 보고 '도와주고 싶다'는 생각이 들면 남자로서 정상이고 부성을 가지고 있다는 뜻이다. 부성은 어렵게 말하면 제도적인 단어이기 때문에 '정상'이라고 표현하는 건 적절치 않다. 하지만 부성이 없는 남자는 드센 엄마 밑에서 자란 마마보이가 많고 어디 한군데가 결여되어 있기 때문에 여기선 부성이 없는 남자를 '정상이 아니라고' 표현하겠다.

부성을 지닌 남자는 예쁜 여자가 눈앞에서 어려워할 때 도와주고자 하는 마음이 강하다. 특히 연애할 때는 더욱 필사적으로 도와주려고 한다. 그리고 그 결의가 남자의 힘으로 바뀌는 것이다. 상대를 잘못 고르면 손해가 막심하지만, 앞에서 말했듯 '팔리고 남은' 미녀를 돕지만 않는다면 그렇게 큰 손해는 아니다.

어린 여자면 무조건 괜찮은 거냐고 의문을 가진 남성 독자가 많을 것이다. 물론 어린 여자라도 실패할 수 있지만, **여자는 처음 만난 남자를 기준으로 삼는다.** '본능적인 기억'이라는 것인데, 처음 사랑해서 결혼한 남자가 폭력적인 남자면 그걸 기억했다가 다시 폭력적인 남자를 사귀게 된다. 마찬가지로 첫 남자가 부자면 남편이 병으로 죽은 다음에 다시 부자를 만난다. 아버지의 영향으로 남자에 대해 잘못된 인식을 갖고 있는 어린 여자도 많지만, 확률적으로 보면 팔리고 남은 미녀가 더 위험하다.

어느 지방 마을에 그 마을에서 가장 예쁜 미소녀가 있다고 하자. 미소녀는 마을 부자들에게 엄청난 구혼 신청을 받아 결국 스무 살 정도에 결혼한다. 이게 일반적인 상황이며 미녀가 서른 살이 돼서도 독신이면 의심해봐야 한다. 뭐가 손해냐고? 결혼하자마자 이혼하는 것이 최악의 경우이며 자칫하면 위자료까지 줘야 한다. 아무리 모자란 여자라도 남자는 위자료를 줘야 한다. 연예계를 봐도 40대 배우와 어린 일반인 여성이 결혼했을 경우가 가장 오래 지속된다.

자 그럼, 당신 앞에 예쁘고 어린 여자가 있다고 해보자. 이 여자는 가난하고 연약한 데다가 취업도 못 해서 아르바이트만 하고 있다. 그럼 당신은 여자를 위해 열심히 일하거나 성공하기 위해 한 방을 노릴 것이다. 나였으면 급한 상황일 경우 로또를 천만 원어치 사거나, 과거의 경험을 살려 높은 배당률의 경마에 도전할 것이다. 이 결심과 의욕에 찬 에너지가 얼마나 강렬한지 아는가? 이런 결심을 한 적이 없다면 당신은 부성을 전혀 가지고 있지 않거나 목숨을 걸 만큼 사랑한 여자가 없었던 것이다.

당신이 그라비아 아이돌 고지마 루리코의 광팬이라고 가정해보겠다. 어느 날 당신은 외국의 비경에서 그녀와 마주쳤다. 그런데 그녀가 기억을 잃고 돈까지 전부 잃어버린 상태로 '일본에 돌아가고 싶다'며 울기 시작한다면 당신은 어떻게 할 텐가? 아마 가지고 있던 돈을 전부 그녀에게 주고 낯선 나라에서 방황하다 쓰러지지 않을까?

내 속에 잠재된 강렬한 사랑의 파워를 느낀 적이 있는가?

남자는 페니스 달린 짐승이지만, 부성은 사랑으로 변한다.

곤란한 사람을 보면 도움의 손길을 뻗어야 한다

고지마 루리코의 예시는 너무 극단적이라 실감이 안 날 것 같기에 더 현실적인 예를 들어보겠다. **사람은 자신을 위해서만 노력하는 데는 한계가 있다.** 나는 쾌락주의자인데 '일류의 남자를 만드는 재능과 신념을 기르는 법'이라는 책에서 "자신의 쾌락을 위해 살면서 주위도 즐겁게 하는 것이 목표다"라고 말했다. '주위'가 없으면 쾌락주의에도 한계가 있다. 속된 말로 자위가 되어버리는 것이다. 자위행위는 자신을 위로하기 위한 행위로 다른 사람과 관계를 갖지 않는다.

사람은 '고마워'라는 말과 기쁨의 눈물에 감동을 받는 것이지 **자위행위를 통한 찰나의 희열로는 감동을 얻지 못 한다. 항상 나보다 약하고 어려운 주변 사람을 신경 써야 한다.** 돕지 못해도 된다. 나도 인생을 걸고 도울 수 있는 여자는 3명 정도가 한계다. 회사의 어린 여자가 펜을 잃어버려서 곤란해한다면 펜을 사주고, 감기 기운이 있으면 업무를 대신해주는 일부터 시작하면 된다. 흑심을 가져도 상관 없다. 흑심이 있든 없든 결과는 변하지 않는다.

"약한 여자를 도와서 우월감을 얻는 건 비열하다"고 말하는 독자도 있겠지만, 이건 우월감을 따질 문제가 아니다. 왜냐하면 어린 여자와 성인 남자는 같은 무대에 존재하지 않기 때문이다. 우월감은 같은 남자끼리, 혹은 나이가 비슷할 때는 느낄 수 있지만, 성인 남자와 어린 여자 사이에 그런 마음은 존재하지 않는다.

어린 여자를 도울수록 자신의 그릇이 커져가는 것을 느끼고 돈을 갖고 있으면 강해진다는 것을 깨닫는다. 그리고 나중에 만나게 될 곤경에 처한 미소녀를 구하기 위해 더욱더 성공을 다짐하게 되는 것이다. 부성이 없는 남자는 부자가 될 수 없다.

나는 가난한 사람이 매너를 지키지 않는 얘기를 자주 하는데, 그들은 사회 밑바닥에 있기 때문에 주변에 신경을 쓰지 않는다. 오히려 '돈 있는 놈들이 우리 좀 신경 써줘'라고 말한다. 밑바닥 인간들은 서로 돕는 일도 거의 없다. 대규모 자연재해가 발생했을 때 위기에 처한 사람들끼리 잠깐 돕는 정도이다. 이것도 일본에서나 볼 수 있고 해외에서는 오히려 약탈과 강간 사태가 벌어진다. 밑바닥에 있는 사람은 '내가 밑바닥이다'라고 주장한다. 불쌍한 미소녀를 도우려고 하지도 않는다. 미소녀가 조금 좋은 아르바이트라도 하면 미소녀보다 약자의 위치에 놓인다. 미소녀의 급여가 백만 원밖에 안 되는데도 말이다.

가난한 폭력남이 어린 여자와 결혼을 하면, 남자는 자신이 '결혼'이라는 제도로 여자를 구제해줬다고 착각하고 여자한테 일을 시키려고 한다.

"나는 약자니까 네가 일하든지 아니면 국가의 지원을 받자" 이런 생각으로 가득 차 있어서 **무조건 '도와달라'는 말밖에 할 줄 모른다. 자기가 '도와줄게'라고 말하는 경우는 없다.** 최악의 남자이지만, 그런 남자에게도 부성이란 게 있었다면 의욕 없이 그런 세상에서 살진 않았을 것이다. 어떻게든 그 보잘것 없는 세계를 탈출하지 않았을까?

부성이란 불쌍한 사람을 도와주려 하거나 어려운 사람들을 배려하는 정신을 의미하나 자신에게 부성이 없다고 생각하는 사람은 안타깝지만 포기하길 바란다. 부성은 본능도 아니고 남자라면 누구나 다 갖고 있는 것도 아니다. **없는 건 어쩔 수 없다.** 힘들 게 사는 미소녀를 돕고자 하는 마음이 들지 않는다면 당신에게는 부성이 없는 것이다.

나는 편의점에서 아르바이트하는 여고생은 모두 도와주고 싶어 하는 남자다. 특히 좋아하는 타입의 여자일 경우 그 자리에서 수천만 원을 줄 수도 있다. 물론 돈을 주는 것만으로는 인생에 도움이 되지 않기 때문에 데이트나 다른 식으로 보답을 받고 싶지만, 법적으로 문제가 되기 때문에 자제하고 있다.

일단 곤경에 빠진 어린 여성과 사랑을 해보는 걸 추천한다. '그녀를 위기에서 구해주겠어'라는 생각이 든다면 당신은 부성과 에너지를 가지고 있다고 할 수 있다. 그 마음에 흑심이 담겨 있어도 전혀 상관없다. 자위행위보다 백배는 낫다.

강한 성욕은 돈으로 바뀐다

아름다운 여자에게 돈을 쓸 가치가 있다는 걸 아는가?

단언컨대 성욕이 강하면 부자가 될 수 있다.

최근 초식남이라는 녀석들이 "여자친구 같은 건 필요 없어", "섹스는 귀찮아"라고 말하는데 이들이 부자가 될 가능성은 거의 없다. 우선 이 녀석들은 차가 필요 없기 때문에 차를 사기 위한 돈도 필요 없다. '돈을 벌자'는 의욕이 사라진 상태다.

먼저 결론부터 얘기하면, **당신이 부자가 되고 싶으면 성욕을 키워라.** 부자가 되는 가장 확실한 방법이다.

봇카(步荷)라는 직업에 대해 들어본 적이 있는가? 산장에 짐을 나르는 남자들의 직업이다. 가끔 여성 봇카도 있지만 짐이 엄청나게 무거운 데다가 몇 시간 동안이나 걷기 때문에 남자의 육체노동 직업이라고 할 수 있다. 봇카는 산장에 짐을 나르기 위해서 산기슭 마을에 산다. 젊은 남자들은 부인도 없고 장옥(長屋) 같은 집에서 혼자서 생활한다. 예전에 TV 방송에서 네팔의 비경을 배경으로 마을의 생활을 지원하는 젊은 일본 남성이 나왔는데 그와 비슷한 생활을 한다. 군마현과 나가노현의 산에도 봇카를 업으로 삼는 남자들이 있고 그곳 마을에는 젊은 여성은커녕 사창가도 없다. 잡지를 사려면 꽤 멀리까지 가야 하지만, 차도 없고 좁고 낡은 방에는 AV기기도 찾아볼 수 없다. TV 정도는 있지만, 기본적으로 아무것도 없는 검소한 생활을 한다.

여기서 '섹스는 어떻게 하고 있는 걸까?'라는 의문이 든다. 가령 남극 기지에서 지내는 남자들이 성욕을 푸는 비법을 궁금해하는 것과 같은 맥락이다. 한마디로 성욕이 사라진다. 주변에 자극적인 것이 없기 때문이다. 젊은 여자도 없을뿐더러 폭력, 약, 자극적인 것도 없다. 그저 아름다운 자연에 둘러싸여 있을 뿐이다. 상쾌한 바람과 추적추적 내리는 비, 투명하게 갠 하늘, 새들이 지저귀는 소리, 그러한 환경에서 몸에 좋은 채소를 먹는다. 남자는 온종일 자극 없이 평온한 상태에 놓이면 성욕을 잃게 된다. **남성의 발기와 폭력성은 밀접한 관계에 놓여있기 때문이다.**

만약 '평생 가난해도 되니까 성욕을 안 느끼고 평온하게 살고 싶다'고 생각한다면 시골에서 사는 것을 추천한다. 그것도 외진 시골로. 학교가 있고 어린 여자가 사는 어중간한 시골은 오히려 섹스가 난무한다. 중학생 여자아이를 차지하려고 남자들이 혈안이 되어 있다. 그런 곳 말고 노인밖에 살지 않는 진짜 시골에서 자급자족하거나 봇카처럼 일을 하면 된다.

무시하려고 하는 말이 아니라, 그렇게 사는 생활도 나름 훌륭한 방식이다. 봇카로 일하는 남자들은 진정으로 자신의 일을 자랑스러워 한다.

돈을 벌고 싶으면 도시에서 일하라

본론은 여기부터다. 그럼 그 반대의 생활은 어떨까? 도시 한가운데서 살 경우 주변에 성매매 업소가 가득하다. 팬티를 보여주면서 걷는 여고생이 있고 걸어서 5분이면 편의점에 가서 성인 잡지를 살 수 있다. DVD 대여점에 가서 성인물을 빌리면 미소녀물부터 SM물까지 뭐든지 볼 수 있다. 그럼 당신은 항상 발기되어 있거나 자연스럽게 발기되는 환경에 노출돼서 여자를 원하게 된다.

그럼 여자와 섹스를 하려면 어떻게 해야 될까? 물론 사랑하는 여자와 섹스를 하면 된다. 사람들은 일반적으로 연애를 통해 섹스를 하고 나도 그렇게 한다. 하지만 갑자기 하고 싶을 때 여자를 찾은 다음 몇 개월이나 데이트를 해야 한다고 하면 누가 기다리겠는가? 바로 할 수 있는 여자가 필요하지 않을까? 그럼 어떻게 해야 하냐고? 부자가 되면 된다.

제일 빠른 방법은 매춘이지만 돈이 든다. 한 번만 해서 만족할 수 있으면 십만 원 정도 하는 업소에 가면 되지만, 남자들은 대부분 한 번으로 만족하지 못 한다. 어쨌거나 성매매는 즐겁기 때문에 계속 이용하게 되는데 그러려면 돈이 있어야 한다.

가령 성매매를 하는 대신 여자친구를 만들었다고 해도 데이트 하는데 돈이 든다. 여자친구가 '드라이브 가고 싶어'라고 말하면 차를 사는 것도 고려해봐야 한다. '차가 있었으면 좋겠다고 말하는 여자는 싫다'고? 설마 자전거를 좋아하는 여자라도 찾는 건가? 결국 차가 비싸니까 싫은 것뿐이다. 단순히 당신의 능력 부족 문제다.

당신이 만약 몇억 원의 예금을 가지고 있다면, 좋아하는 여자가 '드라이브 하고 싶으니까 차 사자'라고 말해도 웃으면서 '그래'라고 말해주면 그만이다. 하지만 예금이 2천만 원밖에 없으면 고작 '차 있는 남자를 원하는 여자는 싫다'는 이유만으로 가치 있는 미녀와 성격 좋은 여자를 놓쳐버릴 수도 있는 것이다.

돈을 들이지 않아도 섹스를 할 수 있는 여자도 있지만, 그런 여자는 진정한 쓰레기다. 남자를 타락시키는 최악의 여자다. 못생겨서 그런 거라면 별 수 없지만, 미인이 가난한 남자에게 공짜로 몸을 대준다니 내가 그 여자 아버지라면 의절했을 것 같다.

아름다운 여자는 돈을 들일 가치가 있다. 그리고 부자들은 이 사실을 알고 있다. 당신이 지금 부자가 아니더라도 성욕을 키우다 보면 알 수 있다. 그리고 부자가 되면 또 한가지 알 수 있는 사실이 있다. 미녀는 돈으로 가질 수 있다는 것인데 앞에서 언급한 것처럼 A급 유명 여배우를 가질 수 있는 건 아니다. 하지만 여배우급 외모를 소유한 미녀는 매우 많다. 어쩌다 한번 미녀와 관계를 가지면 그게 얼마나 감동적이며 기적 같은 일인지를 실감하게 될 것이다. 나는 그걸 느껴봤다. 남자라는 종족은 정신 나간 엘리트나 성차별주의자가 아닌 이상, 자신을 대단하다고 생각하지 않는다. 정상적인 남자는 미녀가 샤워를 하고 섹스 준비를 마치면 '왜 이런 미녀가 나랑 자려는 걸까?'라는 생각에 겸손해진다. 그 놀라움 또는 감동은 말로 표현할 수 없다. 당신도 경험해보길 바란다.

한번 경험해보면 또 미녀가 갖고 싶어진다. 그런데 미녀를 우연히 만날 때까지 가만히 기다리기만 하는 남자는 없다. **조금이라도 만날 확률을 높이기 위해 돈 벌 생각을 한다.** 또 지위를 얻기 위해 일도 열심히 하고 포르쉐나 벤츠, 고급 아파트를 원하게 된다. 욕구가 더 강해지면 섹스 전용 아파트까지 생각한다.

만약 딱 한 번만이라도 변태 섹스를 해보고 싶을 때 미녀에게 "온몸을 루이뷔통으로 도배해 줄게, 한번만 변태적으로 해보자"라고 말하면 허락해줄지도 모른다.

주체할 수 없을 만큼 강해지는 성욕은 돈으로 해결할 수 있다. 따라서 돈을 벌고 싶은 남자는 도시 한가운데서 생활하는 게 좋다.

선천적으로 정력이 없는 남자나 쓰레기 같은 여자와 사귀는 초식남에 대해선 난 언급하지 않는다. 그리고 혹시나 해서 말해두지만, 내가 하는 얘기는 '사랑'과는 전혀 상관 없는 섹스에 관한 얘기다.

순수한 사랑을 원한다면 도시 생활에 지쳐 산장을 찾아온 여자와 결혼해서 시골에서 살자. 물론 그런 사랑을 바보 취급하는 것은 아니다. 훌륭한 사랑이라고 생각한다. 그런 순수한 사랑을 하는 부모 밑에서 자란 아이는 심성이 착하다.

애당초 도시 한가운데서 생활하는 커플에게 순수한 사랑은 찾을 수 없다. 도시에는 쓰레기 여자와 사귀는 초식남과 고급 아파트에서 호화롭게 생활하며 계약 섹스를 하는 욕망 덩어리 커플들뿐이다. 양쪽 모두 별반 다를 게 없지만, 사회에 기여하고 있는 건 압도적으로 돈을 쓰는 커플이다.

봇카와 같이 흔하지 않은 일을 하려는 남자는 많지 않다. 봇카가 없으면 산장은 운영이 되지 않는다. 그런 특수한 직업에 몸을 담는 사람들이 한마디 '푸념'도 하지 않으니 정말 존경 받을만하다. 하지만 호화로운 생활을 하는 도시의 부자 남자들도 푸념은 말하지 않는다. 즐겁기 때문이다. 게다가 그들은 경제에도 크게 공헌하고 있다. 세금 인상이 반복될수록 그 사실은 더욱 분명해질 것이다.

최악의 인간은 도시에 살면서 소비는 물론 순수한 사랑도 하지 않으며 일할 의욕조차 없는 요즈음 남자와 여자친구들로 정말이지 살충제로 박멸해주고 싶을 정도다.

남자로서 1년에 한 번은 승부하라

도박으로 알 수 있는 남자의 본질

 돈을 갖는 것에 대한 무게와 책임을 느끼기 위해서라도 1년에 한 번은 남자로서 승부해보는 것을 추천한다. 얼마 전 미국 라스베이거스의 카지노에 갔는데 게임을 하려면 적어도 백만 원이 필요했다. 미니멈 배팅이 10달러부터라 연속으로 지면 바로 몇 십만 원이 날아가는 상황. 라스베이거스에서 2박을 한다고 했을 때, 첫날 현금을 다 쓰면 미즈호은행이나 리소나은행 같은 일본 은행이 없어서 신용카드로 현금을 인출해야 했다. 하지만 그런 식으로 이길 수 있을 만큼 도박은 쉽지 않은 법. 빌린 돈으로 도박을 해서는 안 된다. **마음에 여유가 없으면 이길 수 없기 때문이다.** 이건 도박뿐 아니라 주식투자 등의 경우도 마찬가지다. '마지막에 남은 돈을 걸어서 땄다'는 건 기적에 가까운 일이고 '아직 50만 원이나 남았네!'라고 편한 마음으로 게임을 하면 이길 수 있다.

 도박만큼 냉정함이 요구되는 놀이는 없다. 조금이라도 흥분하면 끝이다. 이상한 욕심을 부려서도 안되고 편안한 마음으로 체력에도 신경 쓰면서 완벽한 상태에서 임해야 한다.

카지노 슬롯머신에서 잭팟이 나오는 영상을 많이 봤는데, 슬롯머신은 일본의 파칭코머신처럼 연속으로 터지진 않는다. 라스베가스 공항에서 슬롯머신을 하다가 연속으로 잭팟이 떠서 비행기에 못 탔다는 우스갯소리를 듣기도 했지만, 그런 일은 거의 없을 것이다. 다만 공항에선 하지 말자. 만일의 상황이란 게 있으니까.

영어를 잘하는 사람은 트럼프를 해도 되지만, 딜러가 너무 유리한 블랙잭은 피하는 게 무난하다. 추천하는 게임은 룰렛이다. 0에서 36 중에서 배팅하고 싶은 숫자 위에 칩을 놓고 딜러가 굴린 공이 해당 번호에 들어가면 이기는 것이다. 예를 들어 28과 29 사이 경계선에 칩을 놓았을 경우, 두 숫자 중 하나에만 걸리면 된다. 숫자의 색깔을 맞추는 '레드 or 블랙' 배팅처럼 확률이 높은 쪽에 걸 수도 있다. 다만 이 게임은 딜러와 일대일로 하면 절대 이길 수 없다. 딜러는 어느 정도 공을 넣을 장소를 컨트롤할 수 있기 때문이다. 당신이 30번 부근에 칩을 놓으면 10번 쪽으로 공이 들어갈 것이다. 손님 중에 한 명이 크게 배팅하면 그 숫자와 정반대의 숫자가 모인 쪽으로 공이 들어가는 것을 수도 없이 봐왔다. 따라서 다른 플레이어가 앉아 있는 테이블, 특히 딜러 한 명에 플레이어 세 명의 조합을 갖춰야 한다.

딜러의 표정도 잘 봐야 한다. 짜증 나는 얼굴을 하고 있는 딜러에겐 이기기 힘들다. 이런 딜러는 교대 시간에 다음 딜러가 안 와서 매우 화가 난 상태이며, 이때 크게 딴 고객은 본 적이 없다.

내가 룰렛으로 돈을 땄을 때는 일본계 딜러가 "그렇게 배팅하면 못 이긴다"고 영어로 조언해줬다. 딜러가 조언을 해주는 건 거의 없는 일인데 그 조언대로 배팅해서 돈을 딸 수 있었다. 그때 배운 배팅법은 '분산'이었다. 세 배에 두 군데 걸고 스트레이트로 걸 때도 보험으로 레드와 블랙에 거는 지극히 당연한 방법이다.

당연하지만 흥분하면 불가능한 방법이다. 그래서 고민될 때는 한 번 건너뛰는 것도 방법이다. 분산 배팅법도 플레이어가 여러 명 있어야 가능하므로 딜러와 일대일 승부는 무조건 피해야 한다.

또 크게 배팅해서 따는 남자는 프로급이므로 그 사람과 똑같이 배팅하는 것도 괜찮다. 하지만 아무리 잘해도 연승은 힘들기 때문에 그 사람이 세 번 연속해서 따고 또 크게 배팅했을 때 그 숫자와 반대 숫자에 배팅하는 것도 하나의 방법이다. 딜러는 칩을 잃고 있는 당신 쪽으로 공을 보내려고 할 것이다.

한번은 부자로 보이는 여자가 룰렛 테이블로 왔다. 아빠한테 돈을 받은 건지 스폰을 해주는 남자가 있는 건지 알 수 없지만, 무표정한 얼굴로 100달러짜리 칩을 블랙에 놓았다. 잠시 후 블랙이 나왔고 여자는 다시 한번 블랙에 100달러를 배팅했다. 결과는 또 블랙. 여자는 또다시 블랙에 100달러 칩을 올려 놓았다. 그 모습을 보고 있던 나는 칩을 레드에 놓았더니 레드가 나왔다. 딜러는 그 여자를 보고 '어쭈 요것 봐라'라고 생각했겠지. 결국 그녀는 불쾌한 듯 사려졌다. 세상이 어떻게 돌아가는지 모르는 전형적인 부자 아가씨였다. 웃음이 나왔다.

룰렛의 숫자에는 0과 00이 있다. 확률상으로는 거의 안 나와야 하는데 높은 확률로 걸리곤 한다. 물론 딜러가 '가끔 나오게 하려고' 공을 굴리기 때문인데, 테이블 옆에 있는 화면에 현재까지 나온 숫자들이 표시돼 있으므로 그걸 보고 0과 00이 오랫동안 나오지 않았다면 적은 금액을 걸어보는 것도 괜찮다. 이때 역시 보험으로 세 배 확률에도 같이 배팅해야 한다.

카지노의 본고장은 라스베이거스이지만, 환승과 입국심사까지 하면 비행기로 15시간 정도 걸린다. 거리가 조금 있기 때문에 비행기로 4시간 정도에 갈 수 있는 마카오를 선택하는 것도 좋다.

실제로 카지노에서 게임을 해보면 돈이 사라지는 공포를 느낄 수 있다. 한번 공포를 느끼면 평소 돈 쓰는 습관도 바뀔 것이다. 요자와 츠바사처럼 돈을 막 쓰면 품위가 없는 것밖에 안되고, 다이오제지(大王製紙)의 전회장 이카와 모토타카처럼 돈을 몇 백억이나 쓰면 남는 게 하나도 없겠지만, 그 '비일상적인 경험'을 얼마만큼 하느냐에 따라 남자의 그릇이 바뀐다.

독자 Q&A ②

Q

32세 독신남입니다. 동갑 친구의 연 수입이 1억 원을 넘었습니다. 저는 아직 연 수입 3천만 원 정도인데 돈을 더 받을 수 있는 회사를 찾아 이직하는 게 좋을까요? 아니면 지금 회사를 계속 다니면서 노력하는 게 좋을까요?

A

동갑 친구와 자신의 수입 차이는 어디서 발생하는 걸까? 사람에겐 누구나 재능을 가지고 있고 그 재능을 어떻게 살리느냐가 인생을 좌우한다. 친구와의 수입 차이가 크다는 것은 당신에게 지금 직업에 대한 재능이 없거나 노력을 하지 않는다고 볼 수 있다. 예를 들어 내 책이 전혀 인기가 없는데 팔리든 말든 책을 내고 싶어서 자비로 출판한다고 하면, 그건 노력도 아니고 미담도 아니며 주위 사람들도 칭찬해주지 않는다. '이직이 고민된다고?' 그 물음에 대한 답은 나도 모른다. 당신의 생활환경은 물론이거니와 당신이 어떤 재능을 가졌는지도 모른다. 우선 친구의 연 수입과 당신의 연 수입이 왜 차이가 나는지를 생각하고 움직여야 한다.

제2장

여자는
이런 부자에게
접근하려고
한다

아내가 있어도
여자가 끊이지 않는 남자의 조건

여자는 여유를 보이는 남자를 좋아한다

자랑하지 않는다면, 우월감을 갖는 게 결코 나쁜 것은 아니다. 하지만 안타깝게도 일본에서는 이해받지 못한다.

아마존에서 내 책의 평점을 보면 '자기 자랑만 써 놓았다'며 많은 비판을 받고 있다. 본론에 들어가기 전에 '자랑 얘기가 된 것 같아 죄송하다', '이건 자랑이 아니라 하나의 사례로써 내 얘기를 하는 것뿐이다'라고 말을 해도 사람들은 화만 낸다. 여자가 성공한 이야기나 누군가가 부자가 된 이야기는 양해를 구하든 말든 악성 댓글과 비난의 표적이 되는 것이 이 나라의 상식이다. 그 정도로 가난한 사람들은 열등감에 사로잡혀 있다. 글을 제대로 정독할 줄도 모르는 바보일 뿐이다.

예를 들어 당신의 연 수입이 1억 5천만 원이라고 하자. 자랑할 만큼 많은 액수는 아니다. 내 연 수입은 2억~4억 원 사이. 이 금액도 특별히 자랑할 정도는 아니지만, 팬이 무슨 차를 타냐고 물어보길래 'BMW를 샀다'고 했더니 그걸 본 내 남성 안티팬들이 동시에 공격을 해온다.

하지만 이건 어디까지나 블로그나 트위터에서 일어나는 일이다. 바에 갔는데 여자가 '무슨 차 타요?'라고 물어보면 당신은 뭐라고 대답할 것인가? 절대 자랑처럼 들리면 안 된다. 인터넷처럼 대놓고 비난 받을 일은 없겠지만, 그래도 '돈이 있다는 얘기'를 할 때는 신중에 신중을 기해야 한다. 자동차의 경우 차종을 말하지 말고 "싸구려 벤츠입니다"라고 대답하는 것이 베스트다.

"페레가모 구두인데 진짜 큰 결심하고 산 거예요. 연 수입이요? 1억 5천 정돈데 제가 고졸이라 더 많이 벌기는 힘들 것 같기도 하네요"라고 웃으면서 말하면 여성은 당신에게 큰 호감을 갖는다.

여유가 느껴지기 때문이다. 여유 있게 보여주려고 하다 보면 실제 여유 있는 생활을 하게 된다. 그러면서 그릇도 커지고 여자는 남자의 그런 면을 보고 반한다. 가난해도 안정감이 있고 무던하게 사는 남자는 여자한테 신뢰받는 경우가 많다. 여유가 느껴지기 때문이다.

그렇다고 이 책에서 가난해지라고 말하는 건 아니니까 오해하지 말길 바라며, **남자는 우직한 모습을 보여주며 여유 있게 말하면 큰 사람으로 보인다는 것**이다. 여자들이 자기를 좋아해주고 '날 가져 주세요'라는 말을 듣는 것은 남자의 숙원이다.

성공한 사람 중 여자를 싫어하는 사람은 없다. 엘튼 존 같은 게이는 예외지만, 이런 거로 태클을 걸어온다면 그건 쪼잔한 남자일 것이다. 성공한 사람은 여자들이 자신을 좋아해주므로 자신도 여자를 싫어하지 않는다. 가끔 성공한 사람의 돈을 훔치는 여자가 있는데 그것도 '당연'하다고 받아들일 만큼 성공한 사람들은 그릇이 크다.

나도 여자한테 5백만 원을 뺏긴 적이 있다. 사기를 당한 것이다. 그냥 인생 공부한 셈 치고 돈을 찾으려 하지 않았다. 세무사한테 "경비 처리 안 돼요?"라고 물어봤더니 세무사도 웃었다. 뭐 그녀가 자수하길 바라지만 말이다.

그러나 연 수입 5천만 원이 안 되는 남자가 여자한테 돈을 뺏기는 건 엄청나게 큰 사건이다. 남자가 돈을 뺏겼을 때 보이는 초조함과 위기감, 당황스러운 모습을 여자는 매력 없게 느낀다. 30대에 연 수입 1억을 넘기고 40대에 2억 안팎으로 벌어야 여자가 먼저 호의나 호감을 보내주는 인생이 펼쳐진다.

나는 성공한 사람의 기분도 이해하고 여자가 얼마나 좋은지도 안다. 또 외도를 하는 이유도 알고 있다. 외도는 자신이 의도하지도 않았는데 하게 되는 경우가 많다. 당신도 외도를 경험해 본다면 바람 피우는 연예인을 욕하지 못할 것이다.

어느 정도 돈이 없으면 여자가 가소롭게 보기 때문에 말도 걸기 힘들다. 그럼 돈을 가지고 있으면 어떨까? **아내 이외의 여자가 말을 걸어오는 상황이 벌어진다.** 이것을 '외도'라고 정의하는 사람도 있다. 분명 외도는 부도덕한 행위이다. 하지만 그건 의도적으로 외도를 시도하는 경우를 말하는 것이며, '부도덕'하다는 건 인기 없는 남자가 아내 몰래 다른 여자와 신나게 놀아나는 경우에 해당된다. **본인은 여자를 꾈 마음이 없는데 여자 쪽에서 먼저 다가오는 건 부도덕하다고 할 수 없다.** 오히려 아내가 있는 걸 알면서도 다가오는 여자가 나쁜 것은 틀림없지만, 섹스를 하는 건 거의 남자 탓이다.

그 대신 여자는 몸에 상처가 남는다고? 지금 여자 중학생 얘기를 하고 있는 줄 아는가? 페미니스트와 동정들은 입 다물고 있기를.

현명한 아내는 능력 있는 남편이
인기가 많아도 크게 화내지 않는다

성인 여자가 매력적으로 보는 남자들의 공통점은 돈이 있다는 것이다. 예전에 가난하고 부정적인 성격의 마마보이가 그라비아 아이돌과 사귀는 걸 보고 실의에 빠진 적이 있었는데, 당시 그라비아 아이돌의 나이는 19세였다. 19세면 남자의 재능과 실력을 판단하지 못 하는 나이이다. 여자도 돈 때문에 고생을 해보면 어느 정도 돈을 가진 남자가 가치가 높은 것을 알게 된다.

'나는 아내 말고 다른 여자한테 관심 없어'라고 말하는 남자도 여자가 먼저 접근해 오고 게다가 상대가 미녀라면 싫지만은 않을 것이다. 그 **싫지 않은 좋은 기분, 즉 '우월감'이 남자의 생활을 충실하게 만들어 준다.**

'바람 피우다 걸리면 생활이 위태로워진다'"라고 항의 메일이 날아올 것 같은데 애초에 **능력 있는 남편이 여자한테 인기가 많다고 화내는 여자는 아내로서 자격이 없다.** 여자한테 어쩌다 한 번 인기가 있는 건 말 그대로 어쩌다 이지만, 두세 번 또는 열 번 넘게 여자가 말을 걸어온다면 그건 남자가 능력이 있다는 뜻이다. **남편이 여자한테 인기가 많은 것을 싫어**

하는 아내는 남편한테 "무능해져라"라고 외치는 격이나 마찬가지다. 알기 쉽지 않은가?

내 안티팬은 내가 인기 있는 이유에 대해 '네 돈이 목적이다'라며 열심히 공격하지만 억지도 그런 억지가 없다. 가난한 남자를 사귀는 여자는 남자를 모르는 여고생급 두뇌 소유자이거나 못생긴 여자, 둘 중 하나다. 가끔가다 미녀 여배우가 일반인 남자와 결혼 하곤 하는데, 이 경우 상대 남성은 직장인이 아닌 아티스트처럼 재능을 가진 남자다. 즉 어린 여자를 제외하면 미모와 지성을 갖춘 여자들은 재능과 돈을 가진 남자만 만나고, 두 가지를 다 갖춘 남자라면 설령 처자식이 있어도 여자는 섹스를 원하는 것이다.

참고로 엘리트도 아닌데 돈을 가지고 있는 남자는 재능 하나만으로 올라온 경우로 여자는 그 박력에 압도되어 남자에게 반한다. 엘리트 남자에게 반하는 여자는 경력을 보지만, **자수성가한 남자에게 반하는 여자는 그 남자의 '현재와 가능성'을 본다.**

최근 일본 여성의 평균 연 수입이 약 2680만 원(268만 엔, 일본 국세청 '민간급여실태통계조사')이니까 남자의 연 수입이 3억까지는 안 되더라도 1억만 되면 충분히 존경 받을 수 있다. 단 당신이 40세 이하일 경우다. 50세라면 연 수입 2억 정도는 돼야 여자의 마음을 얻을 수 있다.

연 수입이 1억 이상 되려면 어떻게 해야 될까? 앞에서도 말했지만, 진지하게 생각해야 된다. 생각하는 일로부터 도망치면 안 된다.

'정말로 갖고 싶은 여자'를 찾지 않는다

돈이 있어도 혐오 받는 남자

앞에서 돈이 있으면 아내가 아닌 다른 여성이 말을 걸어온다고 했지만, 대부호가 되었다고 반드시 좋아하는 여자를 얻을 수 있는 건 아니다. **돈이 있으면 돈이 없는 여자에게 자신의 힘을 과시하면 된다.** 그렇게 했는데도 여자가 '여자를 무시하는 태도네요. 부자라고 자신이 잘난 줄 아나 본데…?'라는 반응을 보이면 그냥 **그 남자 자체가 싫은 것뿐이지 돈이 문제가 아니다.**

직장에서도 마찬가지다. 철저한 남녀평등 문화를 가진 직장이라서 문제가 생기는 것이 아니라 그저 당신에게 '호감이 있는지'의 문제이다. '오늘 예쁘네'라고 하면 성희롱이 된다고 하지만, 표현의 자유를 억누른 그런 한심한 곳이 직장이라니 나였으면 진작에 그만뒀다.

후쿠야마 마사하루의 팬이 많이 다니는 회사에 후쿠야마가 인턴으로 들어갔다고 가정해 보자.

"오늘 치마 진짜 예쁜데? 다리가 예쁘네" 후쿠야마가 이렇게 말했다고 해서 거기다 대고 '여성 차별', '성희롱'이라고 화낼 여직원이 몇이나 될까?

후쿠야마 마사하루 대신 돈을 예로 들어 얘기를 전개해보자.
여자는 돈을 매우 좋아한다. 남자보다 돈에 더 집착한다. 정확하게 말하면 남자는 '억만장자'가 되기를 원하고 여자는 '안정적인 돈'을 원한다. 수십억이 아닌 1억짜리 예금만 있어도 안심하는 것이다.

원래 여자는 비현실적인 말은 잘 하지 않는다. 남자가 매일 직장에서 '몇 백만 원만 있으면 좋겠다'고 생각할 동안 여자는 '그 날 필요한 돈'을 걱정한다. 그리고 돈이 없을 때는 그 날 필요한 돈을 남자로부터 얻으려고 하는데, 그렇게 해서 쉽고 안정적으로 돈을 얻을 수 있게 되면 여자는 경제적으로 남자에게 의지하게 된다. 하지만 이건 결코 부도덕한 일도 아니고 '여자가 진 것'도 아니다. 남녀가 연애하는데 누가 이기고 졌는지를 따지진 않기 때문이다.

아직까지 일본은 남성사회이기 때문에 돈이 없는 여자가 많다. 돈의 세계에서는 '남녀평등', '남녀는 대등하다' 이런 말이 통하지 않는다.

'융'파의 저명한 심리학자가 이런 말을 했으면 몰라도 나처럼 일개 에세이 작가가 하는 말이니 엄청난 비난이 쏟아질거로 생각한다. 하지만 일을 하는 것뿐이니 계속 이야기해보겠다.

예를 들어 통장에 3억을 가지고 있는 여자에게 '백만 원 줄 테니까 한번 할래?'라고 부탁했다고 하자. 그 말을 들은 여자가 '통장에 3억이나 있는데 백만 원이라니… 너무 싼 거 아니야?'라고 생각할 것 같은가? 만약 그렇게 생각한다면 당신은 여자를 모르는 것이다.

여자는 '내가 백만 원? 싼 거야, 비싼 거야?'라고 생각한다. 통장 잔액 같은 건 염두에 두지 않는 것이다. 남자의 제안을 듣고 바로 자신의 나이와 미모를 따져가며 계산을 할 것이다.

엄청나게 유명한 여자 스포츠 선수가 남자들한테 "자꾸 뭘 하자는 거야. 시끄러워! 한 명에 천만 원씩 주면 해줄게"라고 소리치는 걸 본 적이 있다. 나는 고작 천만 원이라는 소릴를 듣고 쓴웃음을 지었지만, 그녀는 섹스 한 번에 천만 원이 비싸다고 생각한 것이고 자신의 섹스 가치를 최저 천만 원이라고 판단한 것이다.

돈으로 얻을 수 있는 것은 한 번의 섹스뿐

그럼 '부자가 돼도 좋아하는 여자는 가질 수 없다'는 말의 의미를 알아보겠다. 호리에 다카후미는 '돈만 있으면 뭐든지 가질 수 있다'고 말했다. 젊은이들에게 영향력을 가진 사람이 한 말이지만, 이 책의 독자들에게 조언하자면 아무리 돈이 많은 부자라도 가질 수 없는 것은 존재한다.

당신이 정말로 좋아하는 여자는 돈으로 가질 수 없다는 말이다. 지금 너무 좋아하는 사람을 내 여자로 만들 수 없는 것은 돈이 없어서가 아니다.

그 여자가 당신을 싫어하거나, 좋아하는 여자가 연예인 같은 유명인이라 만날 기회조차 없는 것이다. 이건 로또에 당첨돼서 30억이 생겨도 해결할 수 없는 문제다. 다만 여자를 갖는 것의 정의가 섹스 한 번이라면 얘기는 조금 수월해진다. 당신을 싫어하는 여자가 '그래. 5천만 원 주면 한 번 해줄게.'라고 말할지도 모른다. 돈만 있으면 섹스를 협상해 볼 수는 있다. 하지만 '결혼해줄게'라는 말은 들을 수 없다.

돈으로 얻을 수 있는 건 단 한 번의 섹스이며 영원히 지속되는 '달콤한 생활'을 살 수 있는 건 아니다. **여자는 돈과 사랑을 따로 구분**하기 때문이다. '돈이 떨어지면 사람도 떨어진다'라는 말이 있는데, 여자는 남자가 돈을 날리는 과정이 마음에 안 들어서 화를 낼 수는 있지만, 열심히 했는데도 실패하거나 어쩔 수 없이 파산했을 때는 남자를 계속 사랑해준다. 여자의 상냥함이 돋보이는 부분이다.

물론 돈은 없는 것보다 있는 게 낫다. 가난한 남자와 돈이 많은 남자가 한 여자에게 동시에 청혼했는데 여자가 둘 다 좋아할 경우, 여자는 돈이 있는 남자와 결혼할 것이다. 그렇기 때문에 부자가 되면 유리하긴 하지만, **여자가 당신을 싫어하면 결혼은 불가능하다.**

그밖에도 넘볼 수 없는 여자는 많다. 법적으로 불가능한 경우도 있고 절대 만날 수 없는 여자도 있다.
'부자가 되면 호리키타 마키와 결혼할 수 있을까?' 설마 이런 생각을 갖는 남자는 없겠지만, 결론은 불가능하다. 하지만 부자가 되면 강자가 되므로 **돈이 없는 어린 여자를 돈으로 얻을 수 있다.** 매우 부도덕한 얘기지만, 이게 현실이며 깨끗한 척할 생각도 없다. 물론 '가진다 = 섹스 1회'를 전제로 할 때의 말이다. 원조교제도 그렇지 않은가?
거액이 개입된 섹스가 존재하는데도 남녀가 평등한 세상이라고 부를 수 있을까? 남자는 너무 상위에 있고 여자는 물건 취급당한다. 게다가 여자들은 그것을 허용한다. 세상에 돈이 개입된 섹스가 만연하는데도 여자는 섹스를 할 때 '우린 차별당하고 있다'고 화도 내지 않는다. 마음 깊은 곳에서 느끼고 있으면서 중요하게는 여기지 않는다. 남녀평등을 주장하는 어른들은 차별에는 아주 민감하면서 '모든 섹스는 사랑'이라고 믿는 순진한 바보인 것인가? '남녀평등', '남녀가 대등한 시대'라고 시끄럽게 떠드는 사람들은 섹스가 이루어지는 현장을 보고 나서 말하기를 바란다.

'우리가 말하는 건 직장 내 차별이다!'라고? 대부분의 남녀평등론자는 차별을 논할 때 직장과 연애를 함께 언급한다. 사무직 여성에게 복사를 시키지 말라는 얘기부터 데이트 시 밥값을 더치페이하는 문제까지 얘기가 연속적으로 이어진다. 말할 가치도 없는 문제다.

비단 여고생과 그녀들에게 모여드는 어른들의 세계뿐 아니라, 어른과 어른 사이에서도 'O십만 원에 오케이'라는 대화가 일본 전역에서 횡행하고 있다. 굳이 이런 대화를 하지 않아도 암묵적으로 이루어지겠지만.

돈을 받고 구입을 당하는 쪽이 '약자'

기업 매수를 당하는 입장이나 피고용자, 그리고 남자의 재력을 보고 사귀는 여자는 모두 약자의 위치에 서 있다. '여자는 강하다'라는 말은 여자의 생명력이 강하다고 말하는 것이지 순발력을 말하는 건 아니다. 순발력이란 순간적인 힘을 말한다. 남자는 완력을 포함해 순간적인 힘을 가지고 있다.

부자의 경제력도 힘이다. 그리고 섹스를 할 때 뒤에서 누르면 어떤 여자라도 움직이지 못하는데 이것도 순간적인 힘이다. 물론 지속성이라는 면에서 강한 여자도 있다. 또 엄청난 미인이 거액을 요구할 경우 그 여자는 남자보다 강하다고 할 수 있으며, 만약 남자가 못생겼다면 그 남자를 무시하는 부분도 있을 것이다.

"나를 갖고 싶으면 천만 원 더 내놔. 나처럼 젊고 예쁜 여자랑 할 수 있는데 이 돈이면 싼 거 아니야?"라고 부자 아저씨에게 요구하는 여자도 있고 천하게 말하는 대신 부드럽게 협상하는 여자도 있을 것이다. 이렇게 섹스가 거래되는 걸 보고도 남녀가 대등한 세상이라고? 거의 모든 것이 일방적으로 움직이고 있다. 강한 쪽은 부자 남성이거나 미녀, 둘 중 하나다.

결혼은 돈으로 살 수 없다. 이렇게 말하긴 했지만, 사실 가능한 경우도 있다. 남자가 어느 정도 자기 타입일 경우 '부자니까 이 남자와 결혼하자'라고 생각하는 여자도 많다. 하지만 그런 여자라고 해서 '부자랑 결혼하면 내 맘대로 살아야지'라고 생각하지는 않는다. 오히려 '날 호강시켜주는 이 남자를 위해 살겠어'라고 생각한다. 남자를 위해 사는 방식은 여자에 따라 다르지만, 보통 남자에게 굽혀주고 양보하며 살려고 한다. 이걸 두고 여성 차별이라고 표현할 수는 없다.

'남녀평등', '남자와 여자는 대등하다'는 말들은 나와 아무런 상관도 없다. 내 생활 속에서 이런 문제는 단 1초도 발생하지 않는다. 이 얼마나 편하고 즐거운 생활인가.

골프장에 갔는데 남자는 연못 너머에서 치고 여자는 연못 옆에서 치도록 돼 있는 홀이 있었다. 그래서 여자한테 "야, 요즘엔 남녀평등 시대라던데 남자랑 똑같은 곳에서 치자"라고 장난스럽게 말했더니 그 여자는 "싫어~ 난 여잔데 핸디캡 정도는 있어야지"라고 웃으며 말했다. 혹시 당신은 '나도 똑같은 티에서 칠 거야. 남자한테 지긴 싫으니까'라고 정색하며 말하는 여자가 좋은 건가?

여자는 '기분을 행동으로 보여주는 남자'를 사랑한다

'더치페이'는 남자의 굴욕, 여자의 적

요즘 시대에 '남자가 내야 한다'고 말하면 인터넷에선 '틀딱'이라는 악성 댓글이 달린다. 하지만 그런 말을 하는 건 가난한 젊은이와 페미니즘에 빠진 정신 나간 여자들이 대부분이지 20대 여자들이 '더치페이'를 두 팔 벌려 환영한다는 소리는 들어보지도 못했다.

돈을 받으면 기분이 좋다. 하지만 반대로 주기 위해서는 웬만큼 재력이 없는 한 쉽지 않다. 따라서 돈이 별로 없는 여자가 더치페이를 선호한다는 얘기는 금시초문이며, 유행을 좇는답시고 '남녀는 대등하니까 더치페이 해요'라고 괜한 자존심에 말해보았자 결국 집에 돌아와서 줄어든 용돈을 보면서 후회할 뿐이다. 한참 뒤에서야 이런 뒷북을 치는 여자도 있다고 한다. "여자가 더치페이하자고 했다고 진짜 더치페이를 하는 남자가 어디 있어?" 스무 살 여자에게 들은 얘기다. 남자는 더치페이에 흡족해하며 집에 돌아가도 결국 욕을 먹는다는 소리다.

미녀 승무원과 식사를 한 적이 있다. 여배우를 해도 될 정도로 엄청난 미모였다. 1차로 식사 비용은 내가 내고 2차로 바에 갔는데 "사토나카 씨가 밥을 사줬으니까 여긴 내가 낼게요"라고 미녀가 말했다. 익숙지 않은 상황에서 그녀의 단호한 얼굴을 보고는 기가 눌려 말하는 대로 했다. 이제와 생각하면 무척 부끄러운 기억이다. 바 직원이 '다 큰 어른이 여자한테 얻어먹고 있네. 거지인가?'라고 생각할까 봐 무척 초조했다. 그때는 내가 돈이 없어서라기보다 그녀의 선의로 만들어진 상황이었지만, 만약 진짜 돈이 없는 경우였다면 **남자가 여자에게 얻어먹는 것만큼 부끄러운 일도 없을 것이다.**

고개도 못 들 만큼 부끄러운 일을 '더치페이의 시대'라고 외치는 남자들은 느끼지 못하는 걸까? 그야말로 치명적인 후퇴라고 할 수 있다.

그저 약하고
그저 어리광 부리고
남자의 기능을 상실하고

더 말하자면 능력도 없는

시대의 트렌드와 유행이라면 뭐든지 옳다고 생각하는 바보.

어쩌다 페미니스트 여성과 식사를 할 기회가 생겨서 여자가 '무조건 더치페이해야 돼'라고 말한다면 나도 더치페이를 할 의향은 있다. 그렇게 해야 그녀들도 매우 만족할 테니까. 하지만 아무리 페미니즘 교육을 받은 여자라도 돈이 없는 건 없는 것이고, 남자가 돈을 내주길 바라는데도 여자와 더치페이를 강행하는 남자는 남자로서 자격이 없다기보다 **상대의 기분을 이해하지 못하는 남자**이다.

술집에서 여자가 주로 하는 얘기는 연애나 일에 관한 내용이 대부분이다. 여자가 하는 말을 듣고 있으면 그녀들의 급여가 적은 것도 알 수 있다. 그런데 그런 여자에게 더치페이를 하자고 하는 건 너무 심한 처사 아닌가? 내가 하는 말이 시대의 흐름에 역행한다고? 당신은 지금 이 시대에서 희망을 찾고 있는 건가?

남자와 더치페이를 한 가난한 여자가 '이번 달 용돈이 사라졌어'라고 괴로워하는 상황. 그런 데이트에서 희망을 찾을 수 있다면 알려주길 바란다.

아, 그런 것이었군… '이 여자는 더치페이를 하니까 결혼하면 맞벌이도 해주겠지?'라고 생각하는 남자한테 희망이 있다는 말이었군. 이거 대단한 실례를 범했습니다. 지금이 그런 시대였다는 걸 전혀 알지 못했군요.

더 이상 내가 나설 자리는 없는 듯하니 이 얘기는 여기서 마치도록 하겠다.

부자는 여자가 돈을 내게 하지 않는다

부자는 여자가 돈을 내게 하지 않는다. 여자가 돈을 내는 건 특별한 경우로 그건 앞에서도 설명했다.

부자는 돈을 사용하는 목적을 생각한다.

- 사회를 위해
- 사업 확장을 위해
- 여자를 즐겁게 해주고 먹여 살리기 위해

이것이 가난한 사람과 부자의 결정적 차이점이다. 그릇이 다르다. **가난한 사람은 자신을 위해 돈을 쓰고 부자는 다른 사람과 세상을 위해 돈을 쓴다**. 물론 쾌락을 위해 고급 차를 구입하는 부자도 있지만, 그래도 돈은 엄청나게 남는다. 그 엄청나게 많은 **돈을 어떻게 할지 생각하면서 남자의 그릇이 점점 커져간다**. 그리고 여자를 고를 때는 '더치페이'를 외치는 페미니스트는 피한다.

물론 부자 중에도 트렌디한 여성을 좋아하는 사람도 있고 돈이 있으면서도 반반씩 지불하는 부부도 있을 것이다. 다만 고학력에다가 남자에 뒤지지 않는 재능도 있고 연 수입이 몇 억이나 되는 여자는 일본에서 쉽게 찾아볼 수 없다. 모든 남자가 재능을 갖고 있다는 소리는 아니지만, 남성사회이기 때문에 남자가 재능을 발휘하기 쉬운 것도 사실이다.

상당한 재력과 체력을 갖춘 여자가 아닌 이상 아무리 발버둥쳐도 한계가 있다. 그녀들은 '더치페이'를 원하는 남자에게 희망을 품지 않는다. 연 수입 1억~2억 원의 준 부유층 수준의 남자를 동경한다. **준 부유층도 포함해 부자들은 여자에게 돈을 사용하려고 한다.** 거듭 말하지만 그렇지 않은 남자도 있을 수 있다. 하지만 **일반적으로 성욕이 강하고 미녀에게 가치를 두는 부자는 남은 돈을 여자한테 쓴다.** 그런 부자들이 마음만 먹으면 동네 예쁜 여자들을 다 차지할지도 모른다. 그만큼 **돈을 가진 남자는 용기와 아우라를 가지고 있고 그릇도 크다는 소리다.** 여자가 경악할 만큼 말이다.

가난한 사람과 사귀는 여자는 부자를 만난 적이 없거나 사회 경험이 부족하다고 할 수 있다. 그리고 돈 때문에 힘들 때 부자에게 도움받은 적도 없을 것이다. '일하는 게 삶의 보람'

이라고 말하는 여자들조차 지금 하는 일을 60세까지 할 수 있다고는 생각하지 않는다. 언젠가는 여자로서 삶을 유지하지 못 하게 되고 혹은 남자에게 의지해야만 한다는 사실을 알고 있다. 내색하지 않는 것뿐이다.

현재 일본은 희망이 없는 나라로써 평가 받는다. 하지만 희망이 없는 쪽은 압도적으로 여자이고 그런 여자의 희망을 뺏는 것은 남자들이다. 인터넷에는 나의 얘기가 시대에 역행한다는 글이 올라오지만, 실제로는 아무런 힘도 없는 너, 바로 네 놈이 여자들로부터 희망을 뺏고 있는 것이다.

"그게 뭐 어쨌다고? 부자가 되는 게 희망적인 일이라는 건가?"

그렇다. 희망이란 밝은 미래를 말하는 것이다. **가난한 부부에게 밝은 미래란 없다.** 여자의 맞벌이를 통해 희망을 품는 남자들은 크게 반성하길 바란다. 당신들은 여자의 희망을 빼앗고 있다. 일본은 복지국가를 지향하고 있지 않다. 남성이 유리한 사회의 양극화는 앞으로도 계속된다.

일단 더치페이를 안 해도 될 만큼 연 수입을 올려라. 당신에게 억만장자가 되라는 소리가 아니다. 연 수입 1억~2억 원을 버는 준 부유층을 목표로 해라.

남자를 부자로 만드는 여자,
가난하게 하는 여자

왜 여성은 '남자의 돈이 나쁘다'고 생각할까?

'여자의 자립'이라는 희한한 말이 있다. 인간의 자립이란 부모를 떠나 독립하는 것을 의미한다고 알고 있었는데, '여자의 자립은' 부모로부터 자립만 해서는 성립되지 않는 듯하다. '끊임없이 미모를 가꿔라', '자존감을 가져라' 등 여자의 자립에 대한 좋은 정의도 많지만, '부자는 안 된다'고 정의해놓은 책도 많이 볼 수 있다. 부자와 결혼하면 여자의 자립이 아니라는 말이다.

결론부터 말하면, **자립이란 신념을 갖는 것을 의미하는 것이지 주변 환경과는 아무런 상관이 없다.** 착각하지 말길 바란다. 또 어떤 책에서는 '무일푼의 남자를 일류로 만드는 것이 여자의 자립'이라고 쓰여있었다. 당연히 좋은 말이고 훌륭한 인생을 제시하고 있다고 생각했지만, 계속 읽다 보니 '완벽주의'만을 강요하는 것 같았다. 자립에 필요한 조건으로서 제시

한 항목이 너무 많아서 혼자서 다 하기에는 불가능해 보였다.

하지만 남자의 애정과 경제적인 도움이 여성의 자립에 '방해'가 된다고 하니 '여성의 자립'이란 피곤한 인생을 목표로 하는 것이나 마찬가지다.

"남자의 애정은 필요합니다"

이렇게 반론하고 싶겠지만, '여자한테 연애가 전부는 아니다. 일과 취미를 소중히 해라'라는 애정도 느껴지지도 않는 얘기를 듣고선 어떤 남자가 감격을 하고 여자에게 애정을 줄 거라고 생각하는가.

'예쁜 할머니가 돼서 당신과 함께 정원에서 차를 마시고 싶어요'라고 말하는 여자라면 남자는 여러 모로 여자한테 잘 하려고 한다. 여자는 '평생 연애하고 싶다'는 마음에서 그렇게 말한 거겠지만, 〈여성의 자립〉은 그런 여자의 마음을 완전히 부정하기 때문에 논할 가치도 없다.

한 중진 작가가 '여자의 자립처럼 외로운 것도 없다'란 말을 했지만, 이 말을 이해하는 여자는 거의 찾아보기 힘든 시대가 되었다.

'연애야말로 여자의 행복'

오래전부터 이어져 온 이 '상식'을 지키면서, 현대를 살아가

**는데 필요한 것들을 갈망하는 여자는 당신의 그곳을 발기시
킨다.** 검소하면서 돈이 없는 여자는 남자의 능력으로 도와줄 수 있다. 하지만 그 여자가 자신처럼 검소한 생활만을 요구한다면 설령 연애라고 해도 만나서는 안 된다. 지금은 전쟁이 끝난 지 얼마 안 된 물건이 부족한 시대가 아니다. 물욕이 돈을 만들어주는 건데 남녀 모두 그 욕구를 가지고 있지 않다면 무슨 의미가 있나?

최소한의 생활로는 긴급 상황에 대처할 수 없다

"사랑하는 사람과 최소한의 돈으로 생활하는 인생도 행복하다. 그걸 가지고 가난하다니. 당신에게 내 인생을 무시할 권리가 있는가?'라는 소리가 여기까지 들리는 것 같은데, 그렇다면 크게 물욕이 없고 월 250만 원으로 행복하게 사는 부부가 있다고 해보자.

그 행복이 평생 지속될 것 같은가?

아이 교육비도 필요 없고, 아이가 닌텐도 DS 사달라는 말도 안 하고, '친구네 아빠는 렉서스인데 우리 집은 왜 경차야?'라고 물어보지도 않고, 가족 모두 큰 병 없이 건강한 인

생, 이런 인생이 평생 지속될 리가 없다.

물욕이 '벤츠와 포르쉐를 타고 긴자 고급 클럽에서 유흥을 즐기는 것'을 의미하는 것은 아니다. 소바집 사례에서도 말했듯이 **평균보다 약간 높은 생활을 하라**는 뜻이다. 물론 1억짜리 벤츠를 타도 전혀 나쁜 게 아니기 때문에 그런 생활이 목표라면 가장 좋지만, **최소한의 생활을 확보하는 삶의 방식은 긴급 상황에 취약하다.** 언제 어디서 갑자기 가족이 병으로 쓰러질지도 모른다. 하지만 평소 물욕이 있는 사람은 돈을 모아놓고 있기 때문에, 예를 들어 고급 차를 사려고 모으던 돈을 긴급 상황에 사용할 수도 있다.

그럼 이제 본론으로 들어가도록 하자.

'이제 본론'이냐고? 그렇다. 내 얘기는 서두가 길다. 그만큼 세상에는 모순이 많은 것이고 그것을 바로잡는 데는 시간이 걸린다.

남자의 물욕은 한번 정점을 찍으면 시들해지기도 한다. '연소 증후군'이란 말도 있는데 **목표를 달성하고 나면 한 순간에 욕구가 사라지는 것이다.**

예를 들어 포르쉐 911을 갖는 것이 정점이라고 하자. 남쪽 섬을 산다거나 세계적인 대부호가 되는 것을 예로 들면 실감이 안 나겠지? 어쨌든 남자는 정점을 경험하면 '이제 더 이상 필요 없다'고 생각하는 특성이 있다. 연소 증후군, 더 쉽게 설명하면 사정과 똑같다. 남자는 사정을 하고 나면 눈앞에 있는 미녀도 귀찮아진다. 쓰레기 같은 남자는 '집에 가라'고 말하는 경우도 있지만, 그렇게까지 내치지는 않더라도 특정 종류의 정점을 경험하거나 만족도가 120%에 달하면 관심이 급격하게 줄어드는 것이 남자의 본능이다.

실은 나도 여자에 대한 관심이 거의 사라진 상태다. 이제 여자가 필요 없다는 생각이 든다. 여배우급 미인과 섹스를 한 적도 있고 그라비아 아이돌과 사랑에 빠진 적도 있다. 또 아내가 아닌 다른 여자와 만나기도 했다. 남자로서 정점을 찍었다고 해도 과언이 아니다. 그리고 욕구가 시들해진 후 여성에게 쓰는 돈이 급감했다. 하지만 쓰는 돈이 준 만큼 수입과 예금이 늘어나기는커녕 오히려 줄고 있다.

차도 마찬가지다. BMW 시리즈 중에서는 쿠페와 SUV, 오픈카 타입을 탔고 볼보까지 타고 나니까 '이제 탈만큼 탔다'라는 생각이 들었다. 덕분에 좋아진 건 자동차세가 줄었다는 것뿐이다. 관심이 사라진 이유는 잘 모르겠다. 단순히 '노화'에 따른 것일지도 모른다. 그러나 이럴 때 "그걸로 충분하지 않아? 나도 고급 차는 없어도 돼"라고 말하는 여자는 만나서는 안 된다.

"아직 안 타본 차 있지 않아? 그 차도 타보고 싶은데"라고 말하는 여자. 게다가 그걸 매일 말하지 않고 **일이 잘 풀리고 있을 때 어퍼컷을 날리듯 말해주는 현명한 여자가 남자를 제일 많이 성장시키고 부자로 만들어 준다.**

한번은 여자친구에게 "다음 책은 많이 팔릴 수도 있어"라고 말했더니 갑자기 "나 시트로엥 귀여운 모델 갖고 싶으니까 힘내"라고 말하며 웃었다.
"어? 시트로엥 사달라고?"
"그럼, 당연하지. 부자잖아"
"……"
당황스러웠지만, 시트로엥 홈페이지에서 모델 가격을 확인해봤다. 가격은 2100만 원 정도. 사줄 만하다는 생각이 들었다.

내 와이프도 재미있는 사람이다. 약 1년 전에 아는 사람이 꼭 한 번 이미지 클럽(코스튬 매춘 클럽)에 가고 싶다고 해서 태어나서 처음으로 이미지 클럽에 가봤다. 참고로 난 성매매를 싫어해서 소프랜드도 간 적이 없다. 그리고 이미지 클럽에 가서 '아무것도 안 해도 되니까 속옷만 보여줘'라고 요구하는 이상한 손님이 되고 말았다. 그곳에서 만난 미소녀는 AKB48의 멤버와 똑같이 생겼었는데 '이렇게 예쁜 여자가 있었네. 새로 여자나 만들어 볼까?'라는 생각과 함께 기분이 들떴다.

나중에 아내가 내 지갑에 들어 있던 이미지 클럽 할인권을 발견하곤 깔깔대며 웃었다. 그리고는 죽은 애완 고양이의 사진에 대고 "미리야, 아빠가 이미지 클럽에 갔다 왔대"라고 말을 하는데 어이가 없어서 뭐라 할 말이 없었다.

그럼 방금 말한 두 사람이 다른 태도를 보였다면 어땠을까?

만약 여자친구가 "나는 필요한 게 없으니까 아들한테 장난감이나 사줘"라고 말했다면, 6천 원짜리 울트라맨 괴수 장난감만 사고 끝났을 것이고, 결국 아무런 자극도 받지 못해서 아직도 차에 대한 관심을 잃은 채 지냈을 것이다.

만약 그때 아내가 "이미지 클럽에서 어린 여자랑 놀고 오다니 용서 못 해"라고 나에게 화를 냈으면 두 번 다시 성인업소에는 가지 못했을 것이다. 그때 함께 갔던 지인과 함께 놀지도 못할 테고 예쁜 여자를 보고 의욕에 불태울 일도 없겠지.

결국, 최근 나는 이 두 여성 덕분에 조금이나마 의욕을 찾을 수 있었다.

라스베이거스에 가던 날, 나리타 공항에 전시돼 있던 메르세르 벤츠 CLS 슈팅브레이크를 한참 동안 구경했다. 그러다 '다시 고급 차나 사볼까'하는 마음이 생겼다. 내 아내는 물욕이 없는 편이다. 일주일에 두 번 핫요가에 가거나 다른 엄마들과 테니스를 치고 버버리 구두와 지갑을 갖고 싶어 하는 정도인데 그것도 헤질 때까지 바꾸지 않는다. 또 외식을 좋아하는데 최근 내가 고급식당에서 외식할 의욕이 생기질 않아서 아내는 재미없어 할지도 모르겠다.

한때는 파크 하얏트 도쿄와 리츠칼튼 호텔에서 저녁 식사를 자주 했는데 오래된 샤트 마르고도 마시고 시가도 피우다가 갑자기 질려버렸다. 지금은 비싼 외식은 초밥과 튀김으로도 충분하다고 생각한다. 어느 날 아내가 이탈리아 요리가 먹고 싶다고 하면 나도 외식을 할 생각이 들지도 모르지만.

돈이 되는 여자란 남자의 물욕과 성욕을 북돋아 주는 여자, 금방 의욕을 잃는 남자를 기운 나게 해주는 여자이다.

마지막으로 여성 독자도 있을지 모르니 다시 한번 확실하게 말해두겠다. 남자가 고급 차를 구입하기 위해 돈을 모으고 있는데 당신이 심각한 병에 걸렸다고 가정해 보자. 현실에서도 충분히 일어날 수 있는 일이다. 그리고 수술비용은 남자가 고급 차를 사려고 모으던 돈으로 지급했다. 차보다 당신의 목숨이 더 소중하기 때문이다.

하지만 '돈은 없어도 돼. 생활만 할 수 있으면 되잖아'라고 말하고 남자의 물욕을 봉인했었다면 똑같은 일이 일어났을 때 수술비용을 마련할 수 있었을까? 그런 부분까지 생각하지 못 하는 건 당신이 순수하기 때문이겠지만, 남자가 그런 일에 대비하지 못 한다면 어른으로서 자격이 없다고 할 수 있다.

변호사나 의사 중에 제대로 된 인간이 없다는 건 나도 알지만, **가난한 남자는 아예 아무런 도움도 되지 않는다.** 준 부유층 정도 수준에 **인간성도 좋은 남자를 찾으면 된다.**

부자가 돼도 절대 사귀면 안 되는 여자

남자를 말로 짜증나게 하는 여자

여자라는 생물은 기본적으로 남자를 좋아하게 되면 뭐든지 하려고 하고 무의식중에 파멸의 길로 들어선다. 혼자서 파멸하면 그러려니 하겠지만, 여자는 주위 사람을 끌어들인다. 왜냐고? 말하는 걸 좋아하기 때문이다.

누군가에게 곧잘 고민을 털어놓지만, 상대방의 충고는 듣지 않고 자기가 말한 것도 잊어버린다. 여자들이 모인 자리에서 어떤 대화가 오가는지는 모르겠으나 결국 호텔과 술집의 매상을 올려주기만 할 뿐 자신들은 돈과 시간을 낭비한다. 잠깐, 말이 너무 심했던 것 같다. 스트레스 해소에 이용한다면 돈 낭비는 아니니까.

자신이 좋아하는 남자가 다른 사람들 눈에 '정신 나간 놈'으로 보여도 '이 사람 아니면 안 된다'고 삐치고 친구와 부모형제의 충고는 듣지 않는 게 여자다. 나중에 그 남자와 헤어지게 되면 창피한 줄도 모르고 자신을 걱정해서 충고해줬던 사람들에게 헤어진 남자에 대한 욕과 불만을 털어놓는다.

"그러니까 그때 말했잖아"라고 말하면 "기억 안나" 또는 "열심히 일한다고 했어"라고 말하며 남자 탓으로 돌린다. 하지만 사실 여자도 잘못한 경우가 많고 가정폭력도 남자가 100% 원인은 아니다. 말을 자꾸 바꾸거나 남편이 한 말을 잊어버리고 돈이 없는 걸 알면서도 "왜 이번 달도 돈이 없는 거야?"라고 닦달하기 때문이다.

어쨌거나 **여자는 '말'로 남자를 무척 짜증이 나게 한다**. 생활 속에서 하는 말에 책임감이 전혀 없다고 할 수 있다.

남자도 일할 때는 책임감 없는 발언을 하지만, 주로 허황된 얘기가 많다. '3년 이내에 아파트를 살 거야'라고 선언하고선 결국 못 사는 식이다. 그래서 남자의 말이 실패로 드러나는 건 대략 6개월에서 1년 정도 걸린다. 반면 여자는 3일에 한 번꼴로 책임감 없는 말을 하니까 남자들이 화가 나는 것이다.

아는 사람 중에 '완전 미친놈이네. 재미있는 녀석이지만 여자는 소개시켜 주기 힘들겠어'라고 생각한 녀석이 3명 정도 있다. 그런데 "사토나카 씨 전 그 남자가 좋아요. 소개시켜 주세요"라는 여자가 가끔 나타난다.

"그 녀석은 도박 중독이에요"라고 말해도 듣질 않는다. 그리고 1, 2년 지난 뒤에 나한테 와서 "자꾸 도박만 해서 미치겠어요"라고 말하는데 여하튼 여자란 존재는 연애에 관해선 터무니 없이 바보다. "그때 그렇게 말렸잖아"라고 해도 "그랬나요? 소개시켜준 건 그쪽이잖아요"라고 자신이 불리한 부분은 잊어버리는 건 덤이다.

화제를 돈으로 전환해보자. 미련한 연애를 하는 여자들은 돈에 대해 이해도가 전혀 없다. 서민들의 관점에서 보면, 서민 주부는 절약한다고 말하면서 감자 칩을 산다. 감자 칩 가격이 1200원 정도인데 1200원이면 저녁 반찬 하나를 더 차릴 수 있다. 시험 삼아 나도 하루 만 원으로 식비를 해결해보았는데 무척 간단했다.

쓸데없이 과자 사지 않기

편의점을 이용하지 않기

도시락 사지 않기

두부, 낫토, 말린 전갱이 등 기본 반찬으로만 검소하게 먹기 등

그러나 가난한 사람은 이런 걸 못 하고 패밀리 레스토랑을 자주 이용한다. 나는 카레를 매우 좋아하지만, 유명한 카레 체인점 Coco 이치방은 급할 때 빼고는 가지 않는다. 카레 한

접시에 8천 원 이상이니까 꽤 비싼 편이다. 카레는 집에서 만들어도 되고 편하게 먹고 싶으면 3천 원 정도에 프리미엄 3분 카레를 사서 먹으면 된다. 싼 건 1800원짜리도 있다.

발포주가 싸다고 해서 많이 마시면 결국 맥주를 마셨을 때의 가격과 별반 차이가 없어진다. 앞에서 소개한 초저가 회전초밥 사례에서도 언급했지만, **싼 것을 배불리 먹으면 좋은 것을 적당히 먹는 것보다 돈이 더 드는데도 이 사실을 인지하지 못하는 것이다.**

그리고 정신 나간 남자와 사귀려고 하는 여자를 보면 꼭 가난한 여자들이다. 가난하면 조금이라도 돈이 있는 남자와 사귀어야 정상인데 절대 그러지 않는다. 절대로 말이다.

여자는 자신이 가난한 것을 느낄 수록 가난한 남자를 사랑한다. 한번 그런 남자를 만나고 나면 무슨 이유에선지 다음에도 비슷한 남자를 찾는다. 그냥 선천적으로 바보다. 더 이상 가난한 사람의 사정을 복잡하게 설명하고 싶은 생각은 없다. 그냥 바보라고 결론짓겠다. 내 여성 친구 중에도 결혼하고 주부로서 여유 있게 사는 사람은 모두 현명한 여성들로 부자와 결혼했다.

자신이 한 말을 잊어버리는 여자

'신념'은 남자를 위한 단어이다. 여자한테 '신념을 가진 여성'이라고 말하진 않는다. **여자의 특징은 말이 일관되지 않고 계속 바뀐다는 것이다. 신념 같은 단어와는 거리가 멀다. 남자는 신념을 가지고 있어야 한다. 신념이란 좋은 것이든 나쁜 것이든 '생각이 흔들림이 없는 것'을 말한다.**

하지만 여자는 이틀 정도 지나면 말이 바뀌어 있다. 기분에 좌우돼 말을 하거나 잊어버리기도 한다. 그리고 애초에 신념이 없기 때문에 말에 일관성이 없다. 하지만 영리한 여자들은 연애에 대한 신념을 어느 정도 갖고 있다. **'성실하게 일하는 남성과 결혼한다'는 생각과 돈에 관한 신념을 가지고 있다.** 식재료를 구입할 때도 '살 필요가 없는 것과 조금 비싸도 필요한 몸에 좋은 재료'를 미리 정해놓는다. 그렇기 때문에 돈에 여유가 있으면서도 가난한 사람보다 돈을 덜 쓰는 것이다.

하지만 머리가 나쁜 여자는 '살도 빼고 절약도 할 겸 이제 더 이상 초콜릿과 푸딩을 사지 않겠어'라고 선언한 지 3일밖에 지나지 않았는데 장바구니를 보면 그 물건들이 담겨있다. 자신이 말한 사실조차 기억하지 못 하는 것이다. 물론 알면서도 그러는 거면 머리가 나쁜 게 아니라 제멋대로인 여자이며, '헤헤, 결국엔 사버렸어'라고 웃으며 말한다면 나름대로 귀엽게 봐줄 수 있다. 문제는 자기가 한 말을 잊어버리는 여자다.

"당분간 초콜릿 안 먹는다고 했잖아?"

"응? 내가 언제?" 이렇게 말하는 여자는 돈이 계속 새어나가게 만들기 때문에 함께 사는 것은 위험하다.

"내가 그걸 언제 샀지?" 항상 이런 식이다.

또 이런 경우도 있다.

"당신, 나한테 말도 안 하고 왜 그런 걸 산 거죠?" 아내가 이렇게 화를 내지만, 사실 남편은 일주일 전에 이미 '월급 들어오면 산다'고 말했었다. 하물며 이런 말다툼도 사람을 힘들게 만드는데 그게 돈에 관한 것이라면 정말 질려버릴 것이다.

나 혼자 여자를 무시하는 남자가 된 것 같아 말하지만, 작가 이쥬잉 시즈카도 잡지에서 이렇게 말한 적이 있다

'여자는 결혼하고 나면 결혼 전에 했던 약속은 잊어버린다. 어쩔 수 없다'

남자들이여. 여자는 대부분 자신이 말하고 약속한 것을 잊어버린다. 특히 '여성스러움'과 '돈'에 관한 것은 망각의 저편으로 날려버린다. 그런 여자들과 결혼하면 안 된다. 이쥬잉

시즈카는 '복권에 당첨되는 것보다 (약속을 지키는) 좋은 아내를 얻는 것이 더 어렵다'고 극단적으로 말했지만, 내가 이제껏 사귄 여자친구 중에는 총명하고 말에 책임감을 갖는 여자도 있었다. 이런 여자들은 돈에 욕심이 많고 일을 제대로 하는 남자에게만 접근했다.

세상엔 최악의 여자가 많이 존재한다.
- **남자를 속이고 돈을 뜯는 여자**
- **페미니즘에 사로잡힌 여자**
- **폭력적인 여자**
- **아줌마처럼 변하는 여자**

그밖에도 다 열거하자면 끝이 없지만, 이제까지 설명한 '자신이 한 말을 잊어버리는 여자'도 꽤나 최악의 부류에 속한다.

정서가 불안한 경우가 아니라면, 말을 계속 바꾸는 여자는 대부분 머리가 나쁘다. 즉 '자신이 뭘 하고 있는지도 모른다'는 뜻이다. 가정폭력을 휘두르는 남자와 이혼하고선 또 폭력적인 남자와 만나는 여자도 있다. 나도 최대한 그 여자의 입장을 생각하며 분석해봤지만, 결국 포기하고 말았다. 그냥 '단순한 바보'라고 결론을 내리겠다.

평범함을 추구하는 남자도 자신을 바보라고 선언하고 있다고 할 수 있다. '나는 평범한 것이 좋아. 부자가 되고 싶지는 않아. 부자는 나쁘니까' 그런 생각을 관철하는 건 대단하다고 생각한다. **물론 부자는 굳건한 신념을 가지고 있다. 말에 일관성이 있다.** 호리에 다카후미가 나쁜 짓은 많이 했어도 항상 일관되게 말한다는 점에선 평가할 만하다.

그러나 여자는 다르다.

"이제 가난한 건 질렸어. 사토나카 씨에게 엄청 혼났으니까 이번엔 돈이 많은 남자와 사귈 거야"라고 말하고선 또 가난한 남자와 사귄다. 그래서 내가 "너 가난한 사람하고 안 사귄다고 했잖아?"라고 물어보면 진지한 표정으로 이렇게 대답한다. "좋으니까 된 거 아냐?"

얘기를 요약하지 않고 끝내지만, 그렇기 때문에 난 여자를 매우 싫어한다. 지금 침대에 누워있는 사랑스러운 여자 말고는 아무도 믿지 않는다. 나는 성차별주의자란 비판을 자주 받는다. 이제는 그래도 상관없다. 하지만 그 전에 하나만 묻겠다. 왜 여자는 약속을 지키지 않는가? 왜 다음 날에는 전날 말했던 사실에 대해 '전혀 모르겠다'는 표정을 짓는가?

'당신이 좋아요'라고 말해놓고선 왜 데이트 신청을 하면 '미안하다'고 하는 건가?

'월급이 줄었어'라고 실망하는 남편에게 '돈이 부족해'라고 말하며 상처를 주는 이유는 무엇인가? 답해주길 바란다.

독자 Q&A ③

Q

직장 상사의 세대에는 차를 좋아하는 사람이 많은 것 같은데요. 하지만 저희 세대는 차를 좋아하는 사람이 거의 없고 주위에 차를 가지고 있는 남자도 없습니다. 정장 같은 것도 거의 안 사고 물욕 자체가 없습니다. 저는 그냥 지방의 시골에 정착해서 단순 노동이나 하는 게 좋을까요? 부자가 되는 건 포기해야 하나요?

A

물욕은 없어도 별로 문제될 게 없다. 일해서 모은 돈이 쓸 데가 없다면 세상을 위해 기부해도 되는 거니까. 그리고 '저희 세대'라고 말하면서 다른 남자들도 끌어들이지 말도록. 고급 차를 좋아하는 젊은이들도 있다. 무엇보다 좋아하고 싫고를 떠나서 차는 급할 때 필요해진다. 옛날부터 내려온 '삼종신기(三種神器 *세 가지 필수품)'라는 말이 있는데 그것과 마찬가지다. 만약 당신이 사는 마을에서도 원전 사고가 발생해 방사능이 누출된다면 어떻게 대피할 것인가? 애인이나 아이들을 역까지 걷게 할 것인가? 급할 때는 렌터카를 빌릴 수도 없는 거 알고 있겠지?

제3장

가난해도 이런 사람이 되어선 안 된다

회전 초밥집에서 4만 원이나 넘게 쓰는 가난한 사람들

생각 없이 거금을 쓰면 자멸한다

얼마 전 취재차 유명한 초저가 회전초밥집에 들어갔다. 그리고 그곳에서 먹은 초밥은 엄청나게 맛이 없었다. 동행한 여자가 배탈이 났을 정도이다. 그 후 동행했던 여자가 내 팬클럽 SNS에 그 가게를 비판하는 글을 올리자 몇몇 사람들이 화를 냈다.

'그 초밥집은 우리 집 식구들이 다 함께 이용하는 곳이다. 당신은 사토나카 씨한테 얻어먹으니까 평소에도 고급 초밥집에 갈 수 있겠지…' 이런 식으로 분노를 표현했다. 이미 그 사람들과는 화해했으니 논점을 바꾸도록 하자.

그 사람들은 '가난한 사람들은 가족이 다 함께 외식하려면 초저가 회전초밥집밖에 없다'고 했다. 잠깐, 논점이 안 바뀐 것 같은데…. 천천히 바꿔보도록 하겠다. 어쨌든 또 싸움이 일어나면 곤란하니까.

당시 우리 둘이서 초밥을 10접시 정도 먹으니 한 만 원 정도 나왔다. 옆자리에선 어떤 가족이 30접시 정도 먹고 있었다. 한창 잘 먹을 나이의 아이가 있었기 때문이다. 금액을 따져보면 3만 원에서 4만 원 정도 나올 것 같았다. 가난한 가족의 식사비용치고는 너무 비싸지 않은가?

가난한 가족은 돈이 없는데도 돈을 쓰는 비합리적인 행동을 하는 경향이 있다. 그 전형적인 사례가 전기다. 여름에 에어컨을 무턱대고 사용해서 전기요금 십만 원을 넘긴다. 거품경제 때는 서민이 그렇게 돈을 다 써도 은행에서 돈을 빌릴 수 있었다. 가족들을 위해서 돈을 쓴다고 생각하겠지만, 돈이 있는 가족은 접근 방식이 다르다.

서민들은 '가족 외식 = 초저가 회전 초밥'이라고 생각하지만, 사실 그건 자신들의 아이디어가 아니다. TV 광고에서 그렇게 말하기 때문에 혹은 이웃집 가족이 그렇게 하니까 자신들도 덩달아 초저가 회전초밥집에 가족을 데리고 가는 것이다. 그리고 그것이 가족을 위한 외식이라고 착각한다. 결국 '생각하지 않는 것'이다. **가난한 사람들의 치명적인 약점은 '생각하지 않는 것'이며 대중주의라고도 볼 수 있다.**

어떻게 사용할지를 생각하느냐가
부자와 가난을 정한다

　돈이 있는 가족은 꼼꼼히 따져본다. 가치, 가격, 장소를 고려하며 자신의 아이디어를 낸다. 예를 들어 단순히 외출할 때도 아이의 교육을 위해 평소 가던 곳과 다른 장소, 가게로 간다. 아이의 재능을 찾기 위해 아이가 좋아하는 것이 있는 곳에 간다. 내 아들은 동물과 곤충을 무척 좋아해서 지난여름 오키나와에 있는 이리오모테 섬에 데리고 갔다. 그곳에서 멸종위기종인 소라게를 발견했는데 그해 아들의 여름방학 숙제의 주제는 소라게가 되었다. 식사를 할 때도 "엄청 단 음식이 있는데 먹어볼래?"라고 말한 다음 오키나와 고장의 두부인 시마도후를 주문했다. 지방 음식을 경험시켜주기 위해서이다.

　갑자기 교육 얘기를 하게 되었는데 **부자는 아이를 교육할 때 재능을 발견하는 일과 '가치'를 가르치는 것에 중점을 두지만, 가난한 사람은 공부하는 행위에만 가치를 둔다.** 자기 자식의 시험 성적이 좋으면 만족하고 좋은 학교에 들어가면 세상을 가질 수 있다고 믿는다. 식사의 본질을 가르치고 미지의 세계를 알려주는 일에는 관심이 없고 패밀리 레스토랑과 회전 초밥 등 매번 똑같은 곳만 데려간다.

다시 회전 초밥집 얘기로 돌아가면 **매일 똑같은 회전 초밥집에 가족끼리 외식을 해봤자 아이가 얻을 수 있는 건 아무것도 없다.** 더군다나 가난한 가족은 초저가 회전 초밥집이 '싸다'고 착각한다. 이게 본론의 주제이다.

점심 식사로 3만 원은 꽤 비싼 편이다. 가끔이라고? 가끔 점심 식사로 3만 원이나 쓰는데 초저가 회전 초밥? 가끔 먹는다면 더 좋은 가게도 있지 않을까? 이쯤에서 불만을 갖는 독자가 등장할 타이밍이지만, 내가 팬클럽에서 '조잡한 식사를 대접하는 것이 가족서비스라고? 어처구니가 없다'라고 화를 내고 이미 정리가 된 이야기이다.

회전 초밥에 들어가는 생선은 죽은 생선, 중국산 장어, 심해어, 다른 생선으로 둔갑한 온갖 가짜 생선, 산화방지제가 듬뿍 들어간 생선이며 게다가 빙글빙글 회전하며 썩고 있다. 이미 알고 있다고? 알고 있으면서 먹으러 가는 이유는 무엇인가?

'튼튼해지려면 나쁜 것을 먹어야 한다'라는 망언을 내뱉은 비만 연예인이 있을 정도니, 그냥 미쳤다고밖에 할 수 없다. 혹시 아이들은 모래에서 놀면서 잡균에 대한 저항력을 가지게 된다는 말과 혼동하고 있는 게 아닌가? 중국산 오염 식재

료가 몸 안에 들어온다고 저항력이 생기진 않는다. 아이의 몸에 어떤 영향이 있을지 생각도 안 하는 건 바보 부모의 특징이지만, **배불리 먹을 수 있고 가족들로 시끌벅적한 가게에 가면 아이가 만족할 거라고 착각하는 것도 기가 막힐 따름이다.**

예를 들어 아이에게 몸에 좋은 소바를 사줬다고 하자. 그런데 아이가 "양이 너무 적어서 배고파. 집에 가다가 햄버거 사줘"라고 한다면, 유감이지만 이 아이는 비만 유전자를 물려받은 딱한 아이다. 인간은 맛있는 걸 먹으면 조금 모자란 듯 먹어도 만족하게 되어있다. 현명한 독자라면 알겠지만 **초저가 회전 초밥은 맛이 없기 때문에 배불리 먹지 않으면 만족할 수 없다.** 당연한 거 아닌가? 초밥을 하나 집어 먹었는데 맛이 없을 경우 그대로 가게를 나가거나 맛있게 느껴질 때까지 계속 먹겠지만, 초밥 하나만 먹고 가게를 나가는 사람은 거의 없을 것이다.

결국, 포만감을 느껴서 '맛있다고 착각'한 다음 가게를 나가게 된다. 그런데 포만감을 느끼려면 많이 먹어야 하기 때문에 금액이 5만 원이나 나올 때도 있다. 그 정도 돈이면 일본의 천연기념물 히나이 닭 요리점에서도 먹을 수 있는 가격이다.

부자는 돈이 남고 가난한 사람은 돈이 없어지는 법칙

소바 얘기가 나와서 하는 얘기지만, 우리 집 근처에 수타 전문 소바집이 있다. 우리 가족이 외식을 하는 가게로 아이가 학교에 갔을 때 아내와 둘이 가기도 한다. 물론 외식할 때마다 이곳에 가는 건 아니다. 가족과 자주 가는 가게로는 집 근처에 있는 유명한 수타 우동집과 히나이 닭 요리점, 진보쵸에 있는 유명한 카레 전문점 '교에이도', 하얏트 리젠시 도쿄 호텔에 있는 중국요리점 '히스이큐', 그리고 회전하지 않는 초밥집이 있다. 가게를 바꿀 때마다 초등학생 아들은 그 가게에서 느낀 점을 말한다.

소바 같은 경우, 메밀가루 100%인 쥬와리소바가 7천 원이고 모리소바는 5천 원 정도다. 아들은 쥬와리소바는 먹지 않으므로 한 사람당 평균 6천 원 정도 들고 세 명이면 만팔 천 원이다. 만약 나한테 딸이 하나 더 있어서 4인 가족이었다고 해도 이만 사천 원이 든다.

가난한 가족이 초저가 레스토랑 등에서 5만 원 가까이 쓰는 걸 자주 본다. 나는 돈을 좀 가지고 있는데도 오히려 2만 원 정도밖에 사용하지 않는다. 몸에 좋은 고급 소바를 먹으면서도 말이다. 그리고 내 아들은 소바만 먹어도 만족하고 '더 먹고 싶다'는 말도 하지 않는다. 뭔가 이상하다. 내가 엄청난 부자는 아니지만, 이러한 모순은 부자는 돈이 남고 가난한 사람은 돈이 없어지는 논리를 정확히 설명해준다.

가난한 가족을 바보 취급하려고 이런 말을 하는 게 아니다. 조금이라도 돈을 늘리고 싶다면, **더 생각하라**고 경고하는 것이다.

가을은 꽁치 소금구이가 무척 맛있는 계절이다. 생선보다 고기를 좋아하는 내 아들도 좋다고 하면서 먹을 정도니까. 아버지가 아이들에게 '오늘은 꽁치 파티다'라고 선전포고를 한 뒤 꽁치 소금구이, 꽁치회, 꽁치 튀김을 만들어주면 총 만 원 정도가 든다. 이렇게만 해줘도 아이들은 충분히 만족할 것이다.

외식을 안 하면 가족이 만족을 안 한다고? 그건 당신의 교육이 잘못된 것이다. 아이가 유치원에 갈 정도의 시기에 그렇게 가르쳤기 때문이다. '외출 = 가족애'라고 말이다. 평소 바빠서 아이와 대화할 시간이 없는 아버지가 할 수 있는 최고의 서비스는 가족과 식탁에서 차분히 나누는 얘기가 아닐까?

돈을 쓰는 법과 아이를 대하는 법 모두 잘못됐다. 애당초 초저가 회전초밥집에서는 제대로 된 대화를 나눌 수도 없다.

그런 곳은 음식이 빙글빙글 도는 게임센터나 마찬가지다. 물론 아이는 좋아하겠지만, 놀러 간 건지 밥을 먹으러 간 건지 구분도 안 가는 곳에서 가족과 외식을 한들 아무것도 바뀌지 않는다. 아이를 놀게 해주려면 놀이공원에 데리고 가는 게 낫다.

리스크를 두려워하는 남자

가난한 사람은 실패한 사람의 뉴스를 보고 안심한다

80년 동안 평범하게 살다가 죽는 인생. 그래도 '행복함'에 미소 지을 수 있다면 괜찮겠지.

하지만 "평범한 게 뭐가 나쁜데? 나쁜 건 부자잖아"라고 말하며 성공한 사람들만 보면 화내는 사람들. "돈도 없는데 짜증나게 하지마" 생활이 어려워져 아내에게 화를 내는 남자들. 주둥이만 산 이 남자들은 절대 움직이지 않는다. 움직이는 건 딱 입술뿐이다. 가끔 시간을 내서 파칭코에 가려고 몸을 움직이지만, 기본적으로 아침에 회사에 가고 저녁에 바로 집에 오거나 또는 동료와 술을 마시고 집에 온다.

거듭 말하지만 지금 상황에 만족하고 있다면 괜찮다. 하지만 만족하고 있는 사람이 왜 타인을 질투하는가? 가난한 서민을 무시한다면서 인터넷을 통해 부자를 비난하는 자신이 오히려 나쁜 사람이라는 걸 알아야 한다.

평범한 인간한테 나쁜 사람이라니 이상하지 않은가?

'돈이 많았으면 좋겠어'라고 막연하게 고민하는 인생. 평소에는 그런 욕구를 꼭꼭 숨겨놓지만, "이번 달 생활비가 빠듯해"라는 아내의 한마디에 돈이 부족한 사실을 깨닫는다. 하지만 여전히 움직일 생각은 없다. TV 광고에서 인생역전이란 말에 혹해 복권을 산다. 그것밖에 방법이 없다. 재능이 없는 것일까? 아니 그렇지 않다. **리스크를 두려워하는 것이다.**

실패한 유명인의 기사를 볼 때마다 "휴, 평범해서 다행이다"라며 안도한다. 배우 겸 가수 오시오 마나부의 불륜녀 사망 사건이 발생했을 때는 "섹스 안 하길 잘했다"라고 말한 남자들도 있었다. 이런 무기력한 모습을 보고 있자니 말 그대로 무(無)의 상태로 역행하는 듯한 기분이 든다.

불만은 아무런 행동도 하지 않는 남자의 입에서 나오는 것

카지노에서 게임을 하려고 얼마 전 라스베이거스에 갔다 왔다. "라스베이거스 정도는 나도 가봤으니까 잘난 척 좀 하지 마"라고 바로 반격해오는 남자도 있을 것이다. 하지만 그런 말을 하는 남자일수록 신혼여행 때 샌프란시스코 혹은 그랜드 캐년과 묶음 패키지로 라스베이거스에 잠깐 들렀을 가능성이 크다.

하지만 난 라스베이거스를 목적으로 라스베이거스**에만** 갔다 왔다.

도박이라도 해보라는 말이다. **아무것도 하지 않으니까 불만이 생기고 성공한 사람을 질투하는 것이다.** 단, 지는 건 당신 책임이지만.

나는 스무 살 때부터 약 25년 동안 경마를 했다. 하지만 낙마와 진로방해가 발생해도 마권을 환불해주지 않는 걸 보고 '치사하다'고 느껴 더 이상 하지 않는다. 경마 팬들의 악질적인 인간성도 싫었다. 10대 때는 '인생은 도박이다'라는 드라마를 보고 '열심히 일만 해서는 쾌락을 얻을 수 없다'는 걸 깨달았다.

중요한 건 즐거움이고 그것이 나의 인생이라고 생각해 즐거움을 위한 트러블과 고통은 신경 쓰지 않았다. 즉 즐거움을 얻기 위해 리스크를 감수해야 한다면, 어느 정도 괴로운 건 당연하다고 생각했다. 그래서 '인생이 즐거워서 죽겠다'라는 책을 출판하기도 했지만, 이 책은 아마존에서 엄청난 비판을 받았고 하루가 멀다고 인간쓰레기들이 트위터로 시비를 걸어왔다.

물론 도박을 하면 즐겁기만 한 것은 아니다. 하지만 도박에서 이기면 몸에 전율이 지나가는 듯한 쾌감을 느낀다. 평범하고 굴곡 없는 인생을 바라는 남자는 트러블과 고통을 피하려 하지만, 특별히 외부로부터의 공격이 없어도 혼자서 끙끙 앓으며 괴로워한다. 결국, 스트레스를 해소하기 위해 성공한 사람과 유명인을 욕하거나 단란주점에서 술이나 마시는 것이다.

얘기가 주제를 조금 벗어났지만, 스스로를 컨트롤 할 수 있는 남자는 평범한 삶을 바라며 회사 〉이자카야 〉집만 다니는 남자가 아니라 가끔 카지노에 가서 돈을 거는 남자들이다. 또 평범 주의자 남성은 비만인 경우가 많다. 당뇨병, 간 질환, 바람 피는 아내, 15살 사춘기 딸의 낙태 등도 평범한 가정에서 흔히 일어나는 일이다. 이 모든 게 평범하게 살기 위해 노력하는 아버지(남편)를 아무도 존경하지 않기 때문이지만, 이 얘기를 계속하자면 책 한 권 정도 분량은 나오므로 이쯤에서 넘어가겠다.

진짜 스트레스란 '아무것도 하지 않는 것'이다

니트족이 스트레스를 안 받고 산다는 건 거짓말이다. 그들은 항상 인터넷상에서 타인을 욕하고 부모에게 화를 내면서 스트레스를 푼다. 구청 직원과 생활 보호비 문제로 마찰을 빚기도 한다. 그러다 부모가 나이가 들면 자살 충동을 느낀다. 결국, 형제와 친척까지 휘말리게 된다.

"돈이 다 떨어졌어. 할 수 있는 일도 없고. 도와줘"

"아무리 형이지만 너 같은 구제 불능을 어떻게 도와줘. 싫어"

"배신자!"

그렇게 서로 죽일 듯 다투게 된다.

사람은 실제로 해봐야 '이해'를 하고 혹은 '이해하지 못 한다는 사실'을 인정한 후에 다음 단계로 나아간다. 니트족과 평범 주의자를 똑같이 보는 건 아니지만, 서로 이해할 리가 만무하다. 주위에 자신에게 동조해주는 사람이 있으면 이해하며 웃을지 몰라도 그런 기적은 일어나지 않는다. 주위…, 자기 인생에 만족하는 사람은 다른 사람을 신경 쓰지 않는다. 물론 나도 의식 하지 않는다. 라이벌도 없다. 자신의 능력을 어떻게 발휘하고 재미있는 게 어디 있는지 밖에 생각하지 않는다.

AKB48의 전 멤버 마에다 아츠코의 열애가 발각되든 고이즈미 신지로가 정무관으로 임명되든(2차 대전 이후 가장 젊은 총리가 될 것이라고 평가 받는다) 호리에 다카후미가 출소 후에 다시 경제활동을 시작하든 전혀 신경 쓰지 않는다. 나의 쾌락만이 관심사며 방해 받는 것도 싫지만, 방해 받을 환경에 놓여있지도 않다.

"갑작스럽긴 한데 라스베이거스 좀 갔다 올게"라고 아내에게 말하자.

"웬일이야? 나 놀라게 하려면 현지에 도착해서 전화나 메일로 알려줘야지" 이렇게 반응했을 정도다. 예전에 오키나와 나하공항에서 "그동안 오키나와에 있었어. 이제 집에 갈 거야"라고 메일을 보낸 전과가 있기 때문인데, 평범과는 거리가 먼 생활을 하면 이렇게 즐거운 대화도 나눌 수 있다. 하지만 대부분은 친구와 술 한잔 할 때도 자신의 위치를 보고하지 않으면, "남자랑 마시는 거 맞아?"라며 화내는 아내의 모습과 대치해야 한다.

나도 스트레스는 받지만, 대부분 쾌락의 대가로 받는 벌 같은 것이다. 하지만 쾌락 80%, 벌 20% 정도 된다. 이 정도는 당연하게 받아들여야 한다.

당신은 승부해서 이겨야 한다

그런데 살면서 한 번도 무언가를 걸어보지 않은 남자가 많다. 그래놓고 만족이 안 되면 불만을 내뱉거나 다른 사람을 욕하는 꼴이니 그야말로 인간성이 의심된다. '지면 위험하니까 아무것도 걸지 않을 거야'라고 하는 건가? 그럼 당신은 이미 진 것이나 마찬가지다. 아내와의 다툼, 아버지를 존경하지 않는 아이, 돼지처럼 변한 몸. 이런 평범 주의 생활이 좋다고? 억지 좀 그만 부려라. **이미 지고 있으니 뭐라도 걸어서 이겨야 할 것 아닌가?**

"그럼 카지노에서 도박이라도 하라는 말이야?"

그것도 한가지 방법이다. 주식을 해도 되고 경마를 해도 되지만, 돈에만 국한된 얘기는 아니다. 평범한 남자 중에 미녀와 2대 1 플레이를 해본 사람은 없다. 사업은 커녕 이직도 하지 않는다. 상사의 부당한 명령을 받고 우울해하면서 상사를 두드려 패지도 않는다. **남자에게 평범이란 단어는 계속 지고 있는 걸 의미한다.** 이미 알고 있겠지만 "평범하시네요"라는 말은 당신을 매우 무시하는 말이다. 그런데도 '평범하게 살아서 다행이야'라고 생각한다. 코웃음 칠 일이다.

얼마 전, 프로야구 선수 이라부 히데키가 42세의 나이로 자살을 했다. 미국과 일본에서 대활약하며 영광스러운 삶을 살았지만, '저렇게 되고 싶지 않아'라고 생각한 평범 주의자도 많았을 것이다. 아는 사람도 "이라부 히데키가? 근데 폭행 용의로 체포되지 않았었나? 폭군의 말로군"이라고 말했다.

 과연 그럴까? 평생을 평범하게 살며 영광은 커녕 눈에 띄지도 않는 남자들이 이라부 같은 사람이 자살하면 '역시, 그렇다니까'라고 말하며 비웃는다. 자살을 선택했으니 분명 괴로운 말년이었겠지. 하지만 그렇게 말하면 나 역시 굉장히 괴롭다. 느닷없이 자살할 수도 있다. 비참한 마지막을 보냈다고 인생 전체를 부정하려 드는 건 인간의 특성이지만, 단지 성공한 사람을 깎아내리려는 일념으로 '이라부는 실패자'라고 하는 것이다.

 실패한 건 아무것도 하지 않는 당신이다.

 친구를 따라 외국 카지노까지 가서는 단 돈 10원도 걸지 못한다. 이게 당신의 평범 주의다. '괜히 걸었다가 잃기 싫으니까'라고 한다면 아무것도 안 하면 돈을 딸 수 있나? 잃은 건 아니지만, 무언가 실패한 것 같은 기분이 들지 않는가? 뭐라고 잘 표현을 못 하겠다. 평범 주의자와 내가 사는 세계는 너무 다르다. 이래저래 꽤 말을 많이 했는데 내 말에 반박하지 못 할 거로 생각한다.

'열심히 일해서'
소비세 인상에 맞서려고 하는 남자

'노력'만 가지고는 부자가 될 수 없다

나는 신경이 예민한 편이라 어머니도 "네 멋대로 살아"라고 하시며 나를 자주 혼내셨다. 그래서 지금 그렇게 살고 있기는 하다. 비록 '(그런 생활은)이상하다'는 소리를 듣긴 하지만….

2014년 4월부터 소비세가 인상됐다. 지인들은 아베 총리를 원망하면서 '정치에 기대할 게 없으니 내가 더 열심히 하겠다'라고 말한다. 이 얼마나 성실한 사람들인가.

나는 증세가 된다고 열심히 할 마음은 털 끝만큼도 없다.

애초에 반드시 이길 수 없는 싸움이란 것이 존재하는데 가장 대표적인 것이 국가권력과의 싸움이다.

이치로가 와도 이길 수 없고 스모의 요코즈나, 최강 프로레슬러, 손정의, 아베 정권에 가담한 라쿠텐의 영어 매니아 아저씨라도 까딱하다간 자멸할 수 있다.

일을 하면 할수록 세금이 빠져나가는 생활 속에서 '열심히 한다'는 건 자살을 향해 달려가는 것이나 마찬가지다. 서민은 왜 그렇게 열심히 하려고 할까? 열심히 하는 것이 미담이 되고 칭찬받는 세상이기 때문이다. 가난한 남자가 '생활을 위해 열심히 하겠어'라고 말하면 여자들은 응원해준다. 하지만 아무리 열심히 해도 힘든 생활이 이어진다면 그 남자는 자살을 생각할 수도 있다.

그래도 열심히 안 하면 생활이 불가능하다고? 그렇지 않다. 열심히 해도 생활은 불가능하다. 급여의 절반이 세금으로 나가기 때문이다. 나도 열심히 할 마음은 없다. 열심히 해도 결과가 나오지 않는 것에 힘을 쓰면 몸이 망가진다. 우울증에 걸리자고 일할 생각은 없다. 그렇다면 국가는 서민에게 죽으라고 장려하는 것일까?

그렇다. 실제로 소비세가 올라가면 자살률도 증가한다. 1997년에 소비세가 인상되고 그 다음해의 자살자수가 97년과 비교해 약 8,000명 증가했다. 정부는 그걸 알면서도 소비세 등 세금을 인상한다. 결국 '죽어달라'고 하는 것이다.

하지만 정치인도 인간이기 때문에 나름대로 대책은 마련하고 있을 것이라 믿는다. 아베는 외압에 굴복해서 세금 인상을 결정한 듯한데, 원래 아베는 매우 좋은 사람이라고 생각한다. 총리직을 사퇴한 후에 다시 도전한 점은 남자로서 존경할 만

하다. '실패는 용서되지 않는다'는 걸 알기 때문에 국민이 죽어나가는 걸 지켜보지만은 않을 것이다.

얘기가 좀 길어지는데 지금의 불황이 과도한 엔 강세에 의한 것이라면 중앙은행에서 엔을 찍어내면 되는 얘기지만, 일본은 사정상 그렇게 할 수 없어서 국민에게 세금을 받을 수밖에 없다. 아베처럼 뛰어난 남자도 결국 어쩔 수 없다. 국회의사당 앞에서 자살하는 사람이 대거로 나타나지 않는 이상 '실감'하지 못 하기 때문에 서민 생활이 힘들어지는 것을 알면서도 세금을 인상한다.

소비세 인상 지식인회의 같은 곳에 핼쑥한 모습의 서민이 참석했으면 상황은 달라졌을지도 모르지만, 회의 이름에 '지식인'이 들어가는 시점에서 서민은 제외되기 때문에 국민의 목소리는 참작되지 않는다.

그렇다고 고급 차도 사지 않는 가난한 사람에게 소비세를 징수하지는 않는다. 결론을 먼저 말하면, **소비세 인상으로 서민이 괴로워지는 건 일시적 기간이다.** 낙관적으로 보길 바란다. 그 일시적 기간에 자살하는 사람이 늘어나게 된다. 열심히 하는 것이 아니라 '인내'해야 한다.

아베 정권은 서민대책을 위해 소비세를 올린 것이기 때문에 결국엔 경감세율이 도입될 것이다. 그렇게 되면 소비세 인상으로 인한 서민들의 부담도 줄어든다. 다만 소비세 인상과 경감세율 도입은 모두 재무성 권한이다. 재무성은 서민의 편이 아니라서 자신들의 이권을 위한 경감세율 도입을 노리고 정치인들에게 소비세 인상을 유도하는 것이다. 하지만 그 사실에 화만 내서는 몸이 견디질 못하므로 생각하지 않는 게 좋다. 생각은 내가 대신 해줄 테니 재무성 생각은 하지 않길 바란다.

경감세율 반대파는 서민뿐 아니라 부자도 혜택을 받는다는 것과 식료품의 구분이 어렵다는 등 여러 가지 이유를 내세우지만, 국민들의 대다수는 찬성하며 식료품의 감세를 바라고 있다. '식료품의 범주에 고급 프렌치를 포함해도 되는가?'라는 주장 따윈 집어치워라. 그런 이상한 트집을 잡는 당신네들이 정치의 '숨통'을 끊는 것이다.

애기가 좌파 성향을 보이려 할 때 오른쪽으로 꺾는 것이 내 특기지만, 그냥 농담으로 하는 말이고 다시 애기를 진행하겠다. 재무성의 뜻대로 인플레이션 타깃팅을 하지 않고 소비세를 인상해도 차후에 경감세율을 도입하지 않는다면 진짜로 자살자가 속출할 수도 있기 때문에, 정부도 무언가 대책을 마련하고 있을 것이다. 잠시 동안 버텨주길 바란다. 만약 경감세율을 도입하지 않는다 해도 정액생활지원금은 계속 지급된다.

'열심히 일하는 게' 제일 바보 같은 짓이다

당신도 편하게 살고 싶지 않은가?
생활이 힘들다고 열심히 하기만 해선 절대 안 된다.

돈은 많다. 서민은 '돈이 없다'고 생각한다. 정확하게 말하면 '자신에게 돈이 없다'고 생각한다. 하지만 준 부유층처럼 돈이 있는 사람은 다르다. '돈은 어딘가에 있다'고 생각한다. '머지 않아 생길 것'이라고 생각한다.

앞에서도 말했지만, 나는 주식을 하고 있다. 주식시장에 돈이 얼마만큼 모이는지 아는가? 일일 거래대금이 하루에 20조 원이나 된다. 돈은 어딘가에 있다. **당신에게 돈이 없는 게 아니라 세상에 돈이 있는 것이다.** 당신은 세상 속에 있는 인간이지 않은가? 그러므로 **당신에게도 돈이 있다.**

돈이 없는 여자가 있다고 하자. 그녀는 자신이 미인이라는 장점을 살려 돈이 있는 남자와 결혼했다. 결혼만 했는데도 그녀에게 자산이 생긴 것이다. 남자가 죽으면 상속을 받게 된다. 그리고 상속 받기 전에도 매달 수백만 원씩 용돈을 받는다. 가난한 사람이 결혼만으로 부자가 됐다. **돈이 있는 사람을 찾았기 때문이다.** 여자니까 섹스로 번 돈이라고 할 수 있다.

'세상에는 부자 남자가 있고 그 사람과 결혼하면 돈이 생긴다' 그녀는 이렇게 생각했다. 하지만 그렇게 생각하지 않는 여자도 있다. 시종일관 '내 주변에는 부자가 없다'는 생각만 하는 여자들이다. 개중에는 미인도 있지만, 역시나 '부자는 없다', '부자는 만날 수 없다'라고 주장한다. 그건 가난한 사람의 고지식한 생각이며, 이미 가난한 사람의 머리 속에는 '자신과 주변엔 돈이 없다'라는 생각밖에 없다.

뇌를 유연하게 사용하지 않으면, 거시적으로 세상을 볼 수 없고 무엇보다 행동력이 결여되게 된다. '내 주변에는 부자가 없다'고 주장하는 20대 초반 여자는 대학생이나 신입사원을 주로 만나기 때문에 그럴 수 있지만, 〈30세 이하, 미녀 한정〉의 조건을 내건 변호사 파티에 가면 문제는 쉽게 해결된다. 시도해보지도 않고 눈앞에 있는 가난한 남자와 결혼하는 것이다. 당신도 돈을 위해 행동하지 않는다면 그런 여자와 같은 수준이 된다. 돈이 많은 곳에 눈을 돌리지 않기 때문에 자신에게 돈이 없다고 착각하고 '돈을 버는 것은 불가능'하다고 미리 단정짓는다.

미리 단정을 지어서는 안 된다.

당신이 살고 있는 마을 어딘가에 벤츠나 렉서스가 주차되어 있는 건물이 있다면 그곳에는 부자가 있는 것이다. 그렇다고 그 건물에 강도짓을 하러 가라는 말이 아니라, **세상에는 돈이 있는 장소가 존재한다**는 것을 말해주는 것이다. 돈이 있는 장소에서 돈을 뺏는 방법은 셀 수 없이 많다. 가난한 여자들이 부자를 만나러 가는 장소가 많이 있는 것처럼 말이다. 그러므로 **'낙관'해야 한다.**

'소비세 인상 때문에 내 생활이 힘들어졌어. 더 열심히 해야겠어' 이게 아니다.

'증세라… 지금까지 했던 것처럼 계속 해보자. 돈은 어디선가 들어올 테니까' 이렇게 생각하고 그 어딘가를 찾아야 한다. 결국 **낙관을 하면서도 확실히 행동하라**는 말이다.

'그게 열심히 하는 거 아냐?'라고 생각하는 독자도 있겠지? 서민의 '열심히'는 지금 하고 있는 〈부자가 될 수 없는 일〉을 더욱 열심히 하는 것뿐이며, 괴로운 현재 상황을 버티기 위한 것뿐이다. **열심히 한만큼 좋은 급여를 받을 수 있다면, 이미 세상 사람들 모두가 행복해져 있을 것이다.** 잡업을 해도 수당이 적어서 고생하고 있는 것 아닌가? 물론 잡업수당이 없을 수도 있겠지만.

나도 똑같다. '소비세가 오르면 책이 팔린 만큼 소비세를 더 내야 하네? 좋았어. 더 열심히 하자'라고 생각하지는 않는다. 바보 같은 생각이다. 도대체 뭘 열심히 해야 된다는 말인가? 서점에서 사인회라도 자주 열어야 하나? 일 년에 책을 10권 정도 출판하면 되는 건가? 나에겐 그럴만한 체력은 물론 머리도 없다. 그럼 어떻게 하면 되냐고? 이렇게 생각하면 된다. **'될 대로 되라지'**

낙관의 반대말은 비관이다. 서민은 너무 비관적인 데다가 금새 '더 열심히 하겠다'는 말을 꺼낸다. 그러니까 자살을 선택하는 것이다.

예를 들어,

"내가 열심히 하지 않으면 아이들 공부도 못 시키고 학원에도 못 보내"라고 말하지만, 그 생각은 완전히 틀렸다. 아이는 의무교육만으로도 충분하다. 아내한테 '애들은 의무교육만 받아도 충분해. 생각 좀 하면서 살아라'라고 말해주면 된다. 거기서 아내가 화를 낼 수도 있으니 '내가 교육해서 제대로 된 사람으로 키워줄게'라는 멘트만 준비해두면 된다.

교육 문제는 뒤에서 말하겠지만, 아이가 '사립학교에 가고 싶다'고 했을 때 "우리 집에 그럴 여유는 없으니까 공립에 가"

라고 말하면 아이는 반항심에 부자가 된다. 반대로 부모가 필사적으로 일하면서 아이의 교육에 돈을 투자하면 매우 가난하게 생활해야 하는데, "아빠가 누구 때문에 그 고생을 했는데"라며 자식에게 은혜를 준 것처럼 말하지 않아도 감수성이 풍부한 아이들은 이미 알고 있다. 그래서 아이들은 평생 부담을 갖고 살게 될 것이다. 만약 자식들이 어른이 돼도 충분한 부자가 되지 못한다면 부모에게 은혜를 갚지 못 했다는 죄책감에 평생 괴로워해야 된다.

서민이 말하는 '열심히 한다'는 생활의 소소한 행복마저 빼앗는다. 좋을 건 하나도 없다. 계속 말하지만 최악의 경우 자살로 이어질 수도 있다. 우울증 환자한테 '열심히 해'라는 말이 금기어인 것과 마찬가지다.

현재의 생활을 유지하기 위해 무리해서는 안 된다. 아무리 열심히 해도 세금은 올라간다. **소득공제와 겨뤄서 이길 수 있는 방법은 없다.**

나는 곧잘 '지면 안 된다'는 말을 하지만, '열심히 해라'라는 말로 억지로 하게 만들 생각은 없다.

독신 부자 남성이 사는 장소를 찾는 건 무척 쉽다. 하지만 가난한 여자는 이 사실을 모른다. 당신도 마찬가지다. 세상에는 돈이 많이 있는 장소가 존재하지만, 관심이 없는 건지 전혀 모르고 있다. 마흔이 됐는데도 주식 시스템 하나 모르는 남자가 무척 많다. 돈이 있는 장소와 세계에 관심을 갖고 그곳에 접근하면 돈이 생길 가능성도 있다. 그렇게 생각하면서 살아야 된다. 동결된 임금 280만 원을 받으면서 '열심히 한다'라니 당신은 '바보'인가? 냉정하게 들릴지 몰라도 이렇게까지 말하지 않으면 모르니까 하는 말이다.

나는 당신 편이다. 힌트를 주고 있다. 오지랖일지는 몰라도 이게 내 일이다.

국가권력을 상대로 싸우는 것도 시간낭비, 저임금으로 부려먹으려는 회사에서 열심히 일하는 것도 시간 낭비지만, 가난한 사람은 그것도 모르고 매번 구원받을 수 없는 환경에서 열심히 하려고 한다.

부자는 외국으로 이주해서 국가권력으로부터 도망치려고 하지 돈이 없는 회사에는 투자하지 않는다. 가난한 사람은 국가권력과 맞서려 하고 급여가 280만 원으로 동결된 회사에서 더욱 열심히 일하려고 한다.

어떤 인생이 더 편한지는 생각해보면 알 것이다. **돈이 없어도 부자처럼 생각하면 마음이 편안해진다.**

가난하면서 교육에 돈을 쓰는 남자

학력으로만 사람을 판단하는 남자가 되지 말라

세상에는 '인간쓰레기'라고 불리는 사람이 많다. 흉악 범죄자를 말하는 게 아니라 제대로 사는 사람 중에 있다. 예를 들어 낙하산 인사를 목적으로 정치인을 조종해 세상을 움직이거나 뇌물을 받아서 개인의 욕심을 채우는 관료 얘기를 자주 듣는다. 변호사는 정의롭다는 얘기를 듣지만, 이들은 '세상에서 내가 제일 똑똑하니까 내 말을 들어라'는 태도로 약자를 대한다.

가장 대표적인 인물이 하시모토 도오루(橋本 徹)이다. 인간은 엘리트의 길을 걷다 보면 결국 오만해지게 되고 좋은 학력과 경력을 가졌다는 이유로 그렇지 못 한 사람을 무시하기 시작한다.

항상 무시하는 태도를 보이는 건 아니지만, 자신보다 잘나 보이는 사람이 나타나면 '나는 동경대 출신인데 고졸? 바보잖아'라는 생각을 하고 입 밖으로 내뱉기도 한다. 현명한 여자들은 그걸 알기 때문에 동경대나 쿄토대, 와세다대, 게이오대 출신 남자를 결혼 상대로 기피하는 것이다.

여자한테 "내 여자로서 뭐 나쁘진 않은 것 같네. 합격"이란 말을 하고 여자친구 학력이 낮으면 단순한 성욕 배출 상대 혹은 가정부 취급을 한다. 의지하고 싶을 때만 거유에 얼굴을 묻고 다시 아침이 되면 "밥이 맛이 없는데…? 고졸이라서 그런가? 당신 학교에는 영양사도 없었던 가봐?" 이런 말을 아무렇지도 않게 내뱉는 남자도 있다.

물론 뜨거운 신혼일 때는 그렇게 말하지 않겠지만, 스트레스가 쌓이거나 직장에서 자기보다 학력이 낮은 남자가 자기를 넘어섰을 때 아내에게 그런 말을 꺼내게 된다.

자세히 기억은 안 나는데 한 유명 작가의 조카딸이 엘리트와 결혼을 하게 되었다.

"넌 불행해지기 위해 결혼을 하는 거니?"

"왜요? 이 남자와 결혼하면 불행해지나요?"

"결혼하면 알게 돼" 나와 그 조카딸이 나눈 대화이다.

엘리트와 결혼하면 불행해지는 이유는 말하지 않았지만, 나는 '남편한테 무시당하니까', '지식은 있지만, 힘이 없으니까'라는 이유를 떠올렸다. '뭐 작가도 인간쓰레기지만'이라고 자기 평가도 할 수 있었던 좋은 기회였다.

그렇다. 나도 인간쓰레기 같은 부분은 있다. 하지만 학력 콤플렉스 때문에 이 얘기를 하는 게 아니므로 오해 말길 바란다. 서민층 남자들은 평소에 엘리트 정치인이나 관료를 보고 매우 화를 내지만, 자기 아들도 그런 엘리트로 키우려고 한다. 그 모순을 보고 깜짝 놀랐지만, 결국 '자신이 돈 때문에 고생했으니 아들은 고생 안 시키려면 학력이 필요하다'는 생각을 갖고 있는 것이다.

그럼 돈을 위해서 아들을 인간쓰레기로 만들려는 건가? 그리고 고학력자가 수입이 높다는 데이터도 없다. 물론 동경대를 졸업하고 좋은 회사에 들어가면 가난해지지는 않겠지만, 부유층 중에 고학력은 거의 없다는 데이터도 있다. **고학력 남자는 자기보다 머리가 좋은 인간을 싫어하기 때문이다.** 동경대생 100명 중 90명은 그렇게 느낄 수도 있다.

성공한 사람이 성공한 이유

성공한 사람은 자기보다 머리가 좋은 인간을 옆에 두고 인재로 활용하면서 성공을 차지한다. 동경대생은 자존심 때문에 자기보다 머리 좋은 인재를 두려고 하지 않으니 성공률도 극단적으로 낮아진다. 가령 인재를 옆에 둔다고 해도 인재의 말은 듣지도 않을 것이다.

그러니까 아버지가 말한 '자신이 돈 때문에 고생했으니까 고학력으로 만들어 주겠다'라는 논리에는 큰 오류가 있다는 것이다. 고학력자도 돈 때문에 고생한다. 만약 자기 자식이 부자가 되길 바란다면 **학력에 집착할 게 아니라 돈 버는 방법을 가르치거나 재능을 기르는데 전력을 다해야 한다.** 가난한 사람은 자기 자식을 고학력자로 만드는데 필사적이다. 만약 '고학력자가 다 부자가 되지 않는다는 것'을 알고 있는 부모라면 이제부터 '안정적인 삶을 위해 자식을 동경대에 보내겠다'라고 말해야 한다. 하지만 그저 그런 학력의 가난한 부모들은 대부분 '고학력=고수입'이라고 착각하는 실정이다.

'고학력자가 되면 아이는 안전하다'라는 생각은 어느 부모나 다 가지고 있다. 즉 '대중적 사고'에 해당하는 것이다. 하지만 **성공한 사람 중에 대중적 사고를 하는 사람은 한 명도 없다.** 부모가 성공하지 못 했기 때문에 아이를 고학력으로 키우고 성공시키려 한다지만, 그 생각 자체가 아이를 성공하지 못 하게 만든다. 성공하지 못 한 부모가 성공 못 하는 생각을 바탕으로 자식을 교육 하는 것. 참 아이러니한 일이다. 아이한테는 미안하지만, 부모는 만족하면서 아이를 가르치고 아이는 그게 올바른 길이라고 믿으면서 계속 공부한다. 그 결과 아이는 비참한 미래를 맞이한다.

자신은 저학력이면서
아이에게 동경대만 강요하는 남자

가난한 환경에서 아이의 고학력을 원하는 모순

연 수입 1억 원 이상. 아이를 고학력으로 만들려면 최소 이 정도의 연 수입은 필요하다. 만약 1억 원이 안 된다면 식비를 아끼면서 취미생활도 포기하고 모든 것을 아이의 교육비로 충당해야 한다. 술도 제대로 못 마실뿐더러 여자와 놀지도 못한다. 아내에게 옷도 못 사주고 차도 못 산다. 남자의 자존심으로 예를 들면 친구 또는 여자와 술을 마시고 '내가 살게'라는 말도 절대 못 한다. 남자로서 무척 부끄러운 일이다. 아이의 교육을 위해서라면 어른으로서의 상식과 매너를 포기해야 한다. 결국 그 부모는 다른 사람과의 신뢰 관계마저 잃게 된다.

아이가 10살 정도 되면 학원을 보내거나 무언가를 배우게 하는데 그 과정이 10년이나 지속되면서 부모는 엄청난 스트레스를 받는다. 아이는 그런 부모를 보면서 자라난다. 하나하나 다 지켜보고 있다.

저녁밥을 먹을 때 "아… 가끔은 진짜 맥주 마시고 싶어"라고 말하는 아버지에게

"그건 가짜 맥주야?"라고 아이가 묻는다.

TV를 틀어보니 인기리에 상영됐던 영화가 하고 있길래

"이 영화 영화관에서 보고 싶었는데"라고 말하자

"그럼 영화관에 가면 되잖아"라고 아이가 말한다.

"한 번 보는데 만 팔천 원이면 비싸잖아"

아이의 교육비를 마련하기 위해 부모가 고생하는 가난한 가정에선 이러한 대화가 일상적으로 오고 갈 것이다. 틀림없이 그럴 것이라 생각한다.

'당신은 그렇게 말하지 않는다'고?

신경 쓴 적이 없어서 몰랐을 뿐이다. 나는 불만을 말하지 않는 완벽한 인간은 본 적이 없다. 능력 있고 행복한 사람들도 괴롭거나 힘들 때는 불만을 얘기하는데 아이의 교육을 위해서 맥주도 마시지 않는 남자가 불만을 말하지 않는다는 것은 120% 불가능한 일이다.

"우리 집은 가난하니까", "돈이 없어서 못 놀아", "돈이 없어서 먹고 싶은 걸 못 먹어"라고 자신도 모르는 사이에 아이에게 이런 말을 한다.

"싸니까 많이 샀어"

"싸니까 이 가게로 정했어"

"싸니까 이 옷으로 골랐어"

쓴웃음을 지으며 이런 말을 한다. 결코 '비싸고 좋길래 샀어'라는 말은 하지 않고 웃는 얼굴도 보여주지 않는다. 아이는 이런 식으로 '가난하게 사는 법'을 교육 받게 된다. 만약 아이가 마음 먹고 '나는 부자가 될 거야'라고 결심을 해도 부모는 부자가 되는 법을 모른다. '학력만 높으면 돼' 종교처럼 믿는 이 말 이외에는 아이에게 해줄 말이 없다.

부모의 바람대로 아이가 고학력자가 됐다고 하자. 부모는 크게 만족할 것이다. 아이도 '해냈다'고 생각한다. 하지만 싸움은 거기서부터 시작이다. 대학을 졸업하고 나서야 진짜 전장에 나서게 되는데 그 전장은 잔인할 만큼 냉혹하다. 극심한 취업난 시대, 구태여 말하지 않아도 불 보듯 뻔한 일이다.

'고학력을 가지면 모든게 잘 된다'라고 부모에게 배운 아이는 크게 놀라고 만다. 여자들은 자신을 상대해주지도 않고 취직할 곳조차 없는 말도 안 되는 사태에 직면한다. 청천벽력이라고 해야 할까 배신 당했다고 해야 할까? 이미 정상적인 어른이 되기는 힘든 상황이 된 것이다.

'고학력이면 괜찮다'고 믿는 안타까운 사람들

내 지인의 여동생은 고학력이면서 니트족으로 살고 있다. '사회에 배신을 당했다'라면서 2ch 게시판에서 다른 사람을 비난하는 글을 올리면서 살고 있다고 한다. 극단적이긴 사례이긴 하나 결국 '고학력은 괜찮다'는 종교적인 교육을 받은 사람들은 결과에 배신을 당하면 사람을 무시하는 행위를 통해 정상적인 상태를 유지하려고 한다. **자신보다 학력이 낮은 사람을 무시하는 것 말고는 자기 자신을 확립할 방법이 없기 때문이다.**

'나는 고학력자다. 중졸 주제에 일류라고 하는 거냐' 나는 이런 식의 공격적인 메시지를 자주 받는다. 그냥 불쌍하다는 생각이 들어 안타깝기만 하다. 고학력자에다가 취직도 잘 돼서 빠르게 엘리트 코스를 밟은 남자들조차 '너는 어디 대학 나왔는데?'라는 글을 인터넷에 올린다. 그리고 조금이라도 좌절하면 패닉 상태에 빠진 것처럼 사람을 차별하기 시작한다. 인간쓰레기들이나 마찬가지다.

결정적인 건 좌절했을 때 생기는 부모와의 불화다. '부모님이 이렇게나 고생을 하셨는데 나는 돈도 못 벌고 일도 잘 안 되고'라고 생각하는 착한 아이와 '힘들게 동경대까지 졸업해

놓고 뭐 하는 건데'라며 실망하는 부모, 둘의 거리는 쉽게 좁혀지지 않는다.

이제 이런 당연하고 한심한 문제는 그만 얘기하기로 하고 결론을 내리겠다. 돈에 여유가 있는 부모라면 아이를 적당히 교육시키는 게 좋지만, **돈이 없으면 절대 무리해서는 안 된다. 아이 스스로 책임감을 갖고 자유롭게 공부하게 하는 것이 가장 좋다. '너 공부시키느라 가난하게 살고 고생하는 것이다'라는 모습을 계속해서 보여주는 건 일종의 고문이나 마찬가지다.**

'무슨 일이 있어도 동경대에 가야 해. 재수는 안 되니까 한 번에 꼭 합격해'

아이에게 부담을 주는 게 죄악이라는 걸 멍청한 부모들은 왜 모를까? 청춘을 버릴 만큼 밤을 세워서 공부를 하지만, 그렇게 해서 모든 게 인생이 다 잘 풀린다는 보장도 없다. 그렇기 때문에 부모는 "네가 고학력자가 되더라도 부자가 된다는 보장은 없어. 여자한테 인기가 많아서 좋은 여자와 결혼한다는 보장도 없고 훌륭한 선생님이 된다는 보장도 물론 없어"라고 아이에게 여러 번 말해줘야 한다.

그렇게 말을 했는데도 아이가 "괜찮아요. 그래도 나는 동경대에 갈 거예요"라고 말을 한다면 졸업 후에 결과가 어떻든 간에 부모와의 불화는 없을 것이다. 하지만 가난하고 나쁜 부모는 '보장은 없다'라고 가르치지 않는다.

"동경대만 들어가면 된다. 진정한 위너가 될 수 있다" 이렇게 망언을 하는 부모도 있을 것이다.

마지막으로 내 교육관에 대해 말하고자 한다. 알고 있는 사람도 있겠지만, 나는 고등학교를 중퇴한 최저 학력의 소유자다. 이것 때문에 심한 비난과 차별을 받아왔다. 보통 이런 일로 고생하면 '아이는 고학력으로 키워야 한다'고 생각하기 마련이다. 하지만 나는 전혀 그럴 마음이 없다. 돈은 갖고 있지만 "교육에 돈을 들이지 않고 영어만 배우게 할 거야"라고 아내에게 통보했다. 또 매달 아내에게 생활비를 줄 때도 반드시 아이가 보는 앞에서 건넨다. 자신이 아버지가 버는 돈으로 먹고 산다는 사실을 아이에게 알려주기 위해서다. 그리고 좋은 품질의 참치를 사와서 "맛있지? 맛있는 걸 먹고 싶으면 열심히 공부해"라고 가르친다. 아들이 참치를 매우 좋아하는 것을 이용하는 것이다.

오키나와 이리오모테섬에 아들을 데려갔더니 무척 좋아하면서 "또 오고 싶어. 계속 오고 싶어"라고 말했다. 그때 난 이렇게 말해주었다.

"아버지는 널 이곳에 또 데리고 올 생각은 없으니까 이 섬이 그렇게 좋으면 직접 돈을 벌어서 자기 힘으로 와"

그러자 초등학생 아들은 "알겠습니다!"라고 대답했다. 나중에 아들이 "돈을 버는 방법을 가르쳐주세요"라고 물어볼 때를 대비해 할 말도 조금 준비해 놓았다. 그중에 가장 좋은 한마디는 이 말이다.

'사람들과 다른 것을 해라'

'부자도 맥도날드를 먹으니까 자기도 먹겠다'고 말하는 남자

가난한 사람은 부자를 자신들의 세계로 끌어내리려 한다

세상에서 가장 싸고 간단하게 먹을 수 있는 음식은 맥도날드 햄버거라고 생각한다. 라스베이거스에서도 맥도날드가 있었는데 다른 패스트푸드점보다 가격이 싸고 사람들이 길게 줄 서있었다. 카지노에서 돈을 잃은 외국인 관광객이나 미국인들이 "이럴 때도 있는 거지 뭐. 맥도날드에서 햄버거나 먹자"라며 줄을 서고 있었다. 그리고 다른 사람들도 그 줄을 보고 안심한다.

'나만 그런 게 아니었어. 이 사람들도 돈을 잃은 거잖아'

경제적으로 힘든 사람에게 안도감을 주는 가게와 시설 등은 그 사람의 '마음의 안식처'가 되어준다. 맥도날드는 '초저가'에 공간을 제공한다. 따라서 돈이 없는 사람들에게 '마음의 안식처'로써 인기가 많을 것이다. 그런 점을 생각해보면 맥도날드가 '세계 최고의 서민 음식'이라고 말할 수 있을 것 같다. 서민과 가난한 사람이라는 표현은 조금 의미가 다르지만, 여기선 서민과 가난한 사람을 동일 선상에 놓고 얘기를 진행할 테니 양해를 바란다.

참고로 내가 생각하는 서민은 평범한 생활을 하는 사람들을 가리킨다. 그리고 가난한 사람이란 돈이 없어서 하루하루 생활이 팍팍한 사람을 말한다. 두 그룹 간에 경제적인 차이는 있지만, 경계 선상에 있는 사람도 많기 때문에 정확하게 나누는 건 쉽지 않다.

대부호를 한 명 떠올려보자. 빌 게이츠나 워런 버핏도 괜찮다. 이러한 인물들이 맥도날드에서 식사를 하는 모습이 사진이나 영상을 통해 공개되는 경우가 가끔 있다. 나는 그 모습을 의심한다. 크게 성공한 사람이 좋은 음식을 먹는 모습을 기사로 내보내면 '이 사람들은 이렇게 좋은 걸 먹으면서 건강을 챙기고 있습니다'라는 이야기를 만들 수 있다.

하지만 아무리 잘 포장해도 맥도날드는 좋은 음식이 될 수 없다. 무엇보다 재료에 썩지 않는 빵과 고기가 들어있는 것부터가 비정상 식품이라고 할 수 있다. 이미 전 세계의 서적과 건강잡지 등에서도 밝혀진 내용이다. 메이저리그 선수도 패스트푸드 햄버거를 먹는다고 하나 그들은 철저한 건강관리를 하고 있다. 이치로였는지 타이거 우즈였는지 모르겠지만, 어쩌다 맥도날드 햄버거를 먹는 사진이나 영상이 공개되는 것만으로 세계 정상의 선수들이 소홀한 식생활을 한다고 단정 지을 수 없다. 아침엔 맥도날드, 점심에는 회전 초밥, 저녁에는 과음을 하는 생활과는 다르다는 것이다.

지금 하는 얘기는 진실을 모르는 사람들에 대한 불만인 한편, "그 사람도 성공했는데 맥도날드에서 햄버거를 먹었다. 사토나카 씨, 어떻게 설명해주실 건가? 사과해라"라고 의기양양하게 말하는 사람들에게 바치는 얘기이기도 하다. 나를 향한 비난은 상대할 필요가 없지만, 이 문제는 깊게 생각해볼 가치가 있는 만큼 계속 읽어보길 바란다.

왜 맥도날드에서 먹으면 주목을 받을까?

맥도날드 말고 다른 음식으로 비유해보자. 한 유명한 부자가 가족과 함께 간 나들이에서 도시락을 꺼냈더니 쌀밥에 매실장아찌만 있었다. 그 사람이 원래 쌀밥과 매실장아찌를 좋아했다고 해도 그 모습을 찍어서 '세계부자 순위 3위의 ○○

씨의 도시락 반찬은 매실 장아찌였다'라고 잡지에 공개하면 사람들은 '말도 안돼', '조작 아니야?', '컨셉이겠지'라고 생각한다. 그런 수준의 사람들이면 고급 소고기 도시락 정도는 먹을 거라는 사실을 누구나 알기 때문이다.

게다가 이 경우는 스텔스 마케팅(Stealth Marketing)으로 활용하지도 못한다. 니이가타 현의 농가에서 쌀 광고를 위해 쌀밥에 매실 장아찌 도시락을 먹으면서 홍보해달라고 요구할 리도 없기 때문이다. 이미 알고 있겠지만, 스텔스 마케팅은 마케팅 기법의 일종으로 보고 있는 사람이 광고라는 걸 모르게 홍보하는 행위나 행동을 말한다.

그럼 그토록 유명한 맥도날드는 기사화되고 쌀밥은 왜 기사화되지 않을까? 대부호가 코카콜라를 마셔도 기사화된다.

스텔스 마케팅이란 것에 동의할 수 없다면 골프에서 나이키의 사례를 생각해보자. 나이키는 골프 분야에서는 신규회사나 마찬가지다. 많은 골프 팬이 나이키를 외면했고 특히 고령자들은 더욱 싫어했다. 나이키는 이런 상황을 타개하기 위해 타이거 우즈와 계약을 맺었고 그 후 나이키의 골프 장비는 불티나듯 팔리기 시작했다.

이미 답을 찾았을 것이다.

대부호가 맥도날드 햄버거를 먹는 것은 '스텔스 마케팅'이다.

빌 게이츠와 워런 버핏은 맥도날드 평생무료 카드를 갖고 있다. 워런 버핏은 원래 햄버거를 사랑하는 사람이니 뭐, 버핏은 특별한 경우라고 하자. 실제로 살이 찌기도 했으니까. 그러나 미국의 대부호들 거의 대부분은 맥도날드 평생무료 카드를 받았을 것이다.

부자든 부자가 아니든 간에 누구나 인기가 있는 요리에 관심이 있을 수는 있다. 부자도 '가끔은 맥도날드도 좋지'라고 생각해 어쩌다 일 년에 한두 번 간 것뿐인데 그 모습이 타이밍 좋게 TV와 사진에 나오는 것도 부자연스럽다.

맥도날드는 세계 굴지의 대기업이다. 대부호나 크게 성공한 사람들은 최고 경영자와 반드시 연결되어 있다. 당연히 "가끔씩 우리 가게 햄버거 좀 먹어주세요. 평생무료 카드도 드릴 테니"라는 얘기도 했을 것이다. 물론 '그 모습을 촬영해서 선전한다'라는 조건이 붙는다. 가끔 맥도날드를 먹는다고 딱히 죽는 것도 아니고 그렇게 해서 비즈니스 파트너와 지인이 기뻐한다면 성공한 사람은 대부분 그 제안을 받아 들인다. 그것이 성공한 사람의 '보답'이다.

성공이란 여러 사람에게 도움을 받아야 얻을 수 있으며, 성공한 사람은 직접적인 이해관계가 없는 상대에게도 친절하게 대하는 자질을 갖고 있다. 성공한 사람은 일면식이 없더라도 파티장에서 맥도날드 최고 경영자의 부탁을 받으면 웃으며 받아들인다.

'그건 네 망상이다'라고 말하는 독자도 있겠지. 당신 말이 맞다. 나는 크게 성공한 사람과 대부호들이 모이는 파티장이 어디 있는지조차 모른다. 하지만 스텔스 마케팅이란게 어떤 건지는 잘 알고 있다. 나도 조금 유명하기 때문에 '자연스럽게 제품을 쓰는 내 모습'을 블로그에 올려보려고 생각도 해봤고 예전에 사진 쪽 일을 할 때 TV 방송국에서 "사토나카 씨가 찍은 ○○씨 사진을 자연스럽게 방송에 내보내려고 합니다"라고 문의해온 적도 있다. 또 부탁을 받은 일은 아니었지만, 평소 가깝게 지내던 출판사가 발행한 신간을 '나도 읽었다', '샀다'고 트위터에 올려준 것도 스텔스 마케팅이었다. 이제 맥도날드에서 그것도 가끔만 식사를 하는 부자가 인터넷에서 기사화되는 이유를 알았을 것이다.

맥도날드에 대한 서민들의 신앙심은 두텁다. 특히 젊은 사람들을 중심으로 한 맥도날드의 인기는 식을 줄 모른다. 형편이 넉넉지 못한 젊은 주부들도 아이와 함께 맥도날드를 먹는다. 그런데 맥도날드에 가는 남녀들은 집요할 만큼 지독한 콤플렉스를 가지고 있다. 바로 돈에 대한 콤플렉스다. **가난한 사람은 부자를 자기들 세계로 끌어내리려는 생각을 끊임없이**

하고 있다. 가장 대표적인 예가 '부자에게 세금을 징수하라'는 분노의 외침이다. 가난한 사람의 90%가 이렇게 생각하고 있다고 장담할 수 있다. 반론은 듣지 않겠다.

부자가 맥도날드를 먹는 사진기사나 동영상을 본 가난한 사람은 '쟤네도 맥도날드에서 먹으니까 우리랑 똑같네'라고 희망을 품는다. 그런 오해를 받는다고 부자가 가난해질 리는 없지만, 같은 음식을 먹는다는 이유로 잠시나마 동등한 위치로 취급 받는다. 그리고 "좋아, 나도 내일부터 당당하게 맥도날드를 먹겠어. 사랑해요, 맥도날드" 서민이 이렇게 말하는 순간 스텔스 마케팅은 완성된다.

이 사실을 모르는 무식한 사람들이 나한테 이메일을 보낸다. "사토나카, 너는 부자가 맥도날드를 먹지 않는다고 했지만 미국의 부자는 맥도날드에서 먹고 있어. 사죄해라"

하지만 그 부자는,

- 일주일에 맥도날드를 여러 번 가지 않는다
- 갑자기 생각나서 먹은 것
- 스텔스 마케팅으로 먹고 서민에게 홍보하기 위한 것

이 중 한 가지에 경우에 해당되며 가난한 사람이 매일같이 맥도날드를 먹는 것과는 다르다.

라스베이거스에 갔을 때, 내 어시스턴스가 '일본 맥도날드와 미국 맥도날드의 차이를 알아야겠다'며 맥도날드에 들어갔다. 이 사실을 트윗했더니 "사토나카, 너도 맥도날드 먹었네. 책임져"라고 심한 비난을 받았다. 먹은 건 내가 아니라 내 어시스턴트였고 만약에 먹는다고 해도 그건 일을 위해서였을 것이다.

"미국 맥도날드는 질이 좋은 고기를 사용할 것 같은데 어땠어?"라고 어시스턴트에게 물었다. 그리고 맛은 어떤지 가격은 얼마인지 등도 물어봤는데 이건 그냥 개인적으로 궁금해서 물어본 것이었다.

맥도날드 드라이브 스루에 차가 모여서 생긴 줄이 간선도로까지 이어질 때가 있다. 근처에 신호가 있으면 심한 피해를 주기도 한다. 똑똑한 사람들이 인터넷에서 그 상황을 비판했다. 운전할 때 배고픈 것도 참지 못해 맥도날드에 집착하는 자신과 스텔스 마케팅을 위해 먹는 부자, 일 때문에 먹은 사람을 동일시하는 건 미련한 짓이며 그렇게 밖에 머리를 못 쓰니까 결국 성공하지 못 하는 것이다.

이 세상에 '스텔스 마케팅'이 만연하고 있다는 사실을 알지 못 하면 당신은 항상 속을 수밖에 없다.

'부자는 나쁘다'고 하면서
부자를 비하하는 남자

가난한 사람일수록 성공한 남자를 비판한다

부자는 '돈은 나쁘지 않다'고 생각한다. 당연하다. 악마를 곁에 두고 싶어 하는 사람은 없다. 어릴 때부터 부모에게 '돈이 있으면 병에 걸려도 다시 건강해질 수 있다', '돈이 있으면 많은 사람을 구할 수 있다'는 훌륭한 교육을 받은 결과다. 내 아들도 그렇게 가르치고 있다.

돈이 있으면 불쌍한 사람한테 기부할 수 있고 회사를 경영해서 고용도 창출할 수 있다. 소비를 통해 경제에 기여할 수 있고 주식시장도 활성화 시킬 수 있다. "아이가 미국에서 수술을 받으려면 돈이 필요해요"라고 말하며 울고 있는 사람한테 조용히 10억을 건네줄 수도 있다.

하지만 그런 선량한 행동에 대해 가난한 사람들은 '홍보행위', '절세대책'이라고 비하하며 한번 말을 꺼내면 입을 닫질 않는다. 설령 절세대책이라고 해도 사람을 구해준 것이다. 게

다가 절세대책은 자신을 지키기 위한 행위이기도 하다. 부자는 자신을 지키면 안 된다는 건가? 자신들이 가난해서 세금에 고통 받을 일이 없으니까 모르는 것이다. 뒤에서도 말하겠지만 **자기가 '노력'하지 않으니까 노력하는 성공한 사람을 비판하는 것이다.**

영어회화 교재에 '부자가 되면 불행해져요'라는 문장이 있었다. 지금은 인터넷 시대인 것 같아 인터넷도 찾아봤는데 '부자는 나쁘다', '돈은 나쁘다'는 난문이 가득했고 어린 여자들이 '부자가 못 돼도 좋아. 가난해도 되니까 결혼하고 싶어'라고 올린 글도 자주 눈에 띄었다.

이런 글을 올리거나 책을 쓰는 사람은 당연히 가난한 사람들이다. 세상을 계급 사회에 비유하자면, 상위층은 하위층을 위로 올리려고 하지 않지만, **하위층은 상위층을 아래로 끌어내리려고 필사적이다.** 그러니까 그런 얘기를 인터넷이나 교재를 통해 퍼뜨린다. '1억 인구 전체 빈곤'이 목적인 것이다. 공산주의와 닮은 사고방식이다.

세상에서 가장 한심한 건 한 번도 여자랑 못 해본 남자다. 하지만 내가 가장 한심하게 생각하는 건 자신이 대단한 것마냥 여자 얘기와 섹스론을 떠들어대는 남자이다. 가난한 사람이 가난을 정당화하는 것이 아주 약간의 차로 한심 순위 2위라고 할 수 있다.

본인의 사용방법에 따라 나쁜 돈이 될 수도 있지만, 단순히 내가 돈을 많이 가지고 있어서 다른 사람이 피해를 입는 경우는 거의 없다. 있다고 하면 경영권 탈취 정도일 것이다. 하지만 가난한 사람들 눈에는 돈을 사용하는 모습을 보는 게 아니꼬워서 '나쁘다'라고 말하는 것뿐이다. 부자를 나쁘게 보는 게 아니라 그저 **부러운 것**이다. 자기 입으로 인정하는 게 분하니까 '나쁘다'라는 최악의 말로 숨기고 자신은 '착하다'고 주장을 한다. 하지만 그 착하다는 사람은 무언가를 만들어 내지도 않고 누군가를 구하지도 않는다.

어릴 때부터 '부자가 되면 불행해진다'라고 교육받은 사람은 결코 부자가 될 수 없을뿐더러 뭐든지 '행복'이 최고라는 병적인 주장만 반복할 뿐이다.

예를 들면 월급 전날 돈이 떨어져서 저녁밥은 달걀과 쌀밥만 먹기로 했다. 냉장고에 남은 낫토를 꺼냈더니 유통기한이 지나있었다. 하지만 썩진 않았으므로 그냥 먹기로 한다. 아이가 "다른 반찬 없어요?"라고 물어보면 엄마는 "우리 집은 가난해도 행복하잖아. 너한테는 귀여운 여동생도 있고 아빠도 엄마도 있잖아"라고 말하며 일방적인 태도로 대한다. 아이는 '행복'이 무척 중요하다고 세뇌 당한다. 그 결과 쾌락적인 행동을 하는 어른을 경멸하게 된다.

한 고등학생이 파멸형 작가(無賴派)가 쓴 '인생 상담'이란 책을 읽었다고 하자. 그곳에는 섹스 얘기와 냉정한 조언들만 쓰여 있다. '록뽄기에 가서 여자 몸을 만지고 싸움이라도 하고 와라', '남자는 발기와 돈이 전부 아니냐?' 이런 책을 읽으면서 고등학생은 점점 그 행동들을 혐오하게 될 것이다. 반대로 TV 광고에서 경차를 타고 싱글벙글 웃고 있는 가족을 보면 '우리 집이랑 비슷하네. 다들 저렇게 행복을 느끼는구나'라고 생각하게 된다. 하지만 그것이 차를 팔기 위해 만든 가상의 세계라는 것은 모른다. 생각하는 능력마저 상실하게 되는 것이다.

흔히 말하는 '행복주의' 속에선 모든 게 주관적이기 때문에 생각을 할 필요가 전혀 없다. **의심하지 않기 때문이다.** 돈 없이 평범하게 사는 것이 행복하고 올바른 일이기 때문에 다음 단계로 나아가질 못 한다. 현상 유지만 하면 아무것도 창출되지 않는 것과 같은 이치다.

앞에서 얘기한 골프장 사람들이 매너를 무시하는 것도 생각하지 않기 때문이고 결국 생각하는 능력을 상실했다는 뜻이다. 어렸을 때 '행복주의'나 '가난은 정의'라고 주입 받은 탓에, 발전 의지와 노력의 필요성도 느끼지 못 한 채 어른이 된 것이다. 평범해지기 위해 쓰러질 정도로 노력하는 사람이 있을까?

주위를 신경 써야 하는 사업은 하지 않는다. 또 형편이 크게 어려워지면 국가의 지원을 받기 때문에 타인에 대한 의존도가 높다. 공감이 안 되는 독자도 있겠지만, 인간으로서 가망이 없는 최악의 인생이라고 할 수 있다. 다시 말하지만, **부자는 나쁜 사람이라고 배웠기 때문에 가난이 좋은 거라고 생각한다. 그렇게 계속 가난한 상태로 지내려고 한다. 발전 의지가 없다.**

노력 이란 주로 돈을 벌거나 명예 등을 얻는데 필요한 것이다. 하지만 가난한 남자는 노력도 하지 않는다. 예를 들어 복장이 흐트러지기만 해도 거래가 중지되는 살얼음 위를 걷듯 긴장이 필요한 비즈니스와도 인연이 없다. 그래서 어떤 일이라도 무신경으로 반응한다. 호리에 다카후미가 티셔츠를 입고 비즈니스를 했다고 반박하지 말라. 그는 예외이니까.

덧붙여 말하면 주관적 행복주의에 빠진 주부는 외모도 신경 쓰지 않는다. 남자와 여자 모두 살이 찐다. 뚱뚱해도 행복함을 느낀다. 왜 그럴까? 애초에 노력 같은 건 하지 않기 때문에 다이어트도 하지 않는 것이다.

노력이란 '보여주고 말겠어' 또는 '나는 지지 않아. 더 높은 곳을 향해 달릴 거야'라는 마음에서 생겨나는 행동이다. 동기가 있으면 충동적으로라도 노력하게 된다.

하지만 가난하고 평범한 게 좋고 그게 행복이라고 믿는 사람들은 '지고 싶지 않다'는 마음이 전혀 없다. 따라서 인간으로서 자격이 없다고 볼 수도 있다. 노력하지 않는 사람은 인간의 자격도 없으면서 스스로 '훌륭한 사람'이라고 말한다. '부자는 나쁘고 연예인은 싸가지가 없고 성공한 사람은 졸부에 바보'? 그럼 자신들은 훌륭하다는 뜻이겠지? 노력이란 두 글자를 버린 인생이 훌륭하다고 말하는 거겠지?

쟈니즈 소년들과 AKB 소녀들이 얼마나 치열하게 레슨을 받고 있는지 아는가? 모르니까 "오오시마 유코가 연 수입 3억 원이라니 용서할 수 없어"라는 말이나 하는 거겠지. 그리고 어린 데다가 돈도 많은 소년소녀들이 나쁠 리도 없다.

거듭 말하지만 부자 중에도 분명 나쁜 사람은 존재한다. 가끔 사건도 일으키지만, 흉악살인사건 용의자는 대부분은 가난한 사람인데 왜 가난한 쪽이 '착한 사람'인 것인가? 아니면 세상에는 선도 악도 없는 것일까? 그렇다면 나도 그게 가장 좋다. 그러니까 부자는 나쁜 사람이고 돈이 있으면 불행해진다는 식의 교육은 멈추길 바란다. 애당초 이 세상에서 가장 중요한 것은 돈이 아니라 생명이다. 하지만 **생명을 지켜주는 건 돈이다.**

빈곤 국가에서는 많은 아이의 생명이 희생당하고 있다. 아이를 파는 부모도 있다. 그런 어린 소녀를 사는 돈이 '나쁜 것'이다. 그리고 아이를 파는 부모에게 돈이 있었다면 그런 짓은 하지 않았겠지. 그렇다면 돈이 없는 상태가 나쁘다고 할 수 있다.

전 세계에서 부자가 사라지면 세상은 파멸한다. 경제의 파멸이 발생한다. 하지만 전 세계의 인간에게 동등하게 돈이 주어진다면 세계는 진정한 행복을 얻는다. 치안이 안정될 것이다. 그런데 이런 역할을 하는 돈을 보고 '돈은 나쁘다'고 가르치는 것은 반사회적 교육이다. **부자에 대한 가난한 사람의 비판과 주장은 반사회적이다.**

골프장에서 매너와 규칙을
완전히 무시하는 남자

'초저가'가 만들어낸 비극

 "골프는 부자가 하는 신사적인 스포츠다" 이 말은 이미 옛날 얘기가 됐다. 불황에 빠지고 난 뒤로 골프장은 완전히 변했다. 캐디가 사라지고 싼 곳에서는 6만 원이면 코스를 돌 수 있으며 이른 아침에 골프를 치면 3만 원에 코스를 돌 수 있는 초저가 패키지가 판매되고 있다. 예전과 달리 회원권이 없어도 된다. 당연히 서민도 골프를 치기 시작했다.

 이시카와 료 선수가 크게 인기를 얻고 나서 아줌마들이 "건강을 위해 골프를 시작했어요"라고 말하는 걸 자주 듣는다. 난 이시카와 료의 열렬한 팬이기 때문에 진심으로 응원하고 있지만, 최근 여자 프로골프 붐과 함께 골프를 시작한 서민이 많다.

 그래서 지금 어떻게 되었는가? 매너를 무시하는 사람이 속출하고 있다. 결론부터 말하면 **가난한 서민은 매너와 규칙을**

무시한다. '일부'라고 말하고 싶지만, '대부분의' 가난한 서민이 그렇다고 확신할 수 있을 만큼 매너를 무시한다. 가난한 서민이 경차를 난폭하게 운전하는 것과 비슷한 경우다.

잠깐, 벤츠나 렉서스를 타는 사람도 험하게 운전한다고? 그건 질이 안 좋은 중년이나 양아치들이나 그러는 것이다. 스스로 〈보통〉 〈성실〉 〈훌륭하다〉고 생각하는 가난한 서민들은 돈이 점점 줄어들수록 매너를 무시하게 된다. 물론 서민 중에는 뛰어난 사람도 많지만, 요즘 골프장에는 매너를 모르는 서민들로 넘쳐나서 매우 심한 피해가 발생하고 있다. 개인적으로는 뛰어나도 모이면 멍청해지는 것이다. 진짜 어떻게 할 수 없는 골칫거리다.

지금 발언으로 나에 대한 악성 댓글이 급증하리라 생각하지만, '나는 그렇지 않다'고 생각하는 서민들은 그렇게 되지 않도록 신경 써서 행동하길 바란다. 당신들이 가는 장소도 가격이 싼 곳이라서 결국 다른 폭군들에게 동화되기 쉽다.

만약 당신이 군인으로서 전쟁에 참여했는데 주변 군인들 모두 여성을 강간하고 있다면 당신은 참을 수 있는가? '너도 해라'라는 중압감 속에 동참하게 될 것이다. 인간은 나쁜 환경에 놓이면 그곳에 동화되어 추악하게 변해버린다. 결국, 나쁜 짓을 해도 체포나 사형되지 않는다면 인간은 범죄를 저지

르게 되는 것이다.

전장의 강간 얘기는 극단적인 예시지만, 일본의 서민은 패스트푸드나 이자카야, 집장촌, 도박장 등 주변에 질이 나쁜 사람들이 모인 곳이 많아서 나 혼자 똑바로 행동하려고 해도 쉽지 않다. 그리고 어느샌가 그것들에 동화되고 만다. 나는 그곳을 '바보들의 공간'이라고 표현하는 데 성공하고 싶으면 그곳에 가지 않는 게 최선이다.

골프는 매너와 규칙을 중요하게 여기는 귀족 스포츠이다. 축구나 야구는 서로 치고 박고 싸울 때도 있지만, 프로골프에서 선수가 그렇게 행동하면 영구추방을 당할 수도 있다. 내 골프 친구인 한 여성은 "골프는 폭력이 없어서 너무 좋다"고 했다. 하지만 이제 그런 매너는 프로 세계의 전유물이 되어가는 듯하다.

최근 아마추어 골프가 캐디를 동반하지 않는 경우가 많아졌다. 전자동 카트를 타고 마음껏 코스를 돌 수 있기 때문에 초저가 골프가 생겨났다. 골퍼에게 매너와 규칙을 자세히 알려주는 캐디가 있어야 하는데 아마추어 골퍼들은 캐디 없이 치기 때문에 매너를 무시한다. 골프를 시작한 지 얼마 안 되는 아저씨 아줌마 팀은 매너를 떠나 규칙도 모르는 것 같다. 요즘에 그런 팀이 늘어나고 있다. **가격이 싸진 탓에 골프의 격식도 낮아졌다.**

이제 골프는 귀족 스포츠라고 부를 수 없게 되었다. 앞의 팀이 플레이하고 있는 사이에 뒤의 팀 골퍼가 스윙을 해서 앞의 골퍼가 공에 맞은 사고가 있었는데 이것이 매너를 무시한 최악의 사례이다. 그동안 사람이 공에 맞는 일이 거의 없어서 문제시되지 않았을 뿐 공이 사람 근처에 떨어지는 일은 자주 있었다. 만약 팀 3명 중 1명이라도 구력이 긴 베테랑이 있으면 매너를 무시하는 팀원에게 주위를 줄 수 있지만, 3명 모두 불경기에 골프를 시작한 사람들이라면 지적을 해줄 사람이 없다.

내가 초심자와 코스를 돌 때는 매너와 규칙을 일일이 설명해준다. 들고 있던 샌드웨지를 그린 위에 놓으면 '그린 밖에 놓으세요'라고 알려준다. 그것 말고도 가르쳐줄 매너와 규칙이 많다. 이것이 골프다. 공이 연못에 빠졌을 때 공을 다시 치는 위치를 정하는 일은 다른 팀에 영향을 주지 않는 범위이기 때문에 팀 안에서 마음대로 변경해도 된다. 물론 뒤의 팀이 나한테 피해를 줄 일도 없다. 하지만 구멍이 난 그린을 고치는 일은 다음 플레이어를 위해 지켜야 할 최소한의 매너이다.

규칙을 지키지 않는 가난한 사람, 규칙을 가르치는 부자

얼마 전에 골프를 치고 있었는데 우리 팀 여성이 화장실에 가서 이동이 늦어졌다. 그러자 뒤에 있던 팀(중년 남성 2명, 여성 1명)이 우리가 그린 위에 있는데도 여러 번 공을 날려 크게 싸움이 날 뻔했다. 골프장에 클레임을 걸었지만, 골프장은 손님이 줄어드는 게 싫어서 그 사람들을 쫓아내지 않았을 것이다.

캐디가 있었으면 '아직 치면 안 된다'고 말을 해줬을 것이고 만약에 치더라도 캐디가 '플레이를 멈춘다'고 경고했겠지만, 자기네 멋대로 앞의 팀의 행동이 마음에 안 든다고 그런 무례한 행동을 한 것이다. 자칫하면 크게 다칠 수 있고 공이 머리에 맞으면 사망사고로 이어질 수도 있다.

도심 번화가에서도 매너와 규칙을 어기는 행동이 사망사고로 이어질 수 있는 걸 알면서도 사람들은 의외로 신경 쓰지 않는다. 앞에서 '나쁜 행동을 해도 체포되지 않으면 인간은 나쁜 짓을 한다'고 했는데 골프장에서 매너를 무시하는 놈들은 머리에 든 게 없어서 자신이 친 공에 사람이 맞아 죽으면 '업무상 과실치사'로 체포될 수 있다는 생각은 하지도 않는다. 아마도 '맞지 않는다'고 믿고 있을 것이다. 그런데도 홀인원만 칠 생각을 하고 있으니 바보란 참 특이한 인종인 것 같다.

그 밖의 비매너 행동을 생각해보면, 앞의 팀이 물건을 놓고 가도 찾아주지 않고, 그린의 디벗을 고치지도 않으며, 늦어도 '늦어서 미안하다'고 신호를 보내지 않는다. 예전에는 버팅이 끝나면 핀을 세우고 뒤의 그룹에게 '끝났습니다. 늦어서 미안합니다'라고 손을 들어 신호를 보냈고 그러면 뒤에서 기다리던 사람들도 손을 들어주었지만 지금은 볼 수 없게 되었다(저가 플랜이 있는 골프장만 그럴지도 모르지만).

내가 위험한 상황에 직면했던 골프장은 6만 원에 식사 포함이었다. 부자는 그런 저가 골프장에는 가지 않는다. 도쿄는 고가네이 골프장이 유명한데 엄청나게 격식이 높은 골프장이 아니라면 무라사키 골프장의 스미레 코스 등도 괜찮다. 전통이 있는 매우 좋은 골프장이며 가격은 2십만 원 정도로 나도 딱 한 번 가봤다. 가와나호텔 골프 코스는 옛날에 아버지를 모시고 간 적이 있다. 내가 딱 베스트셀러를 냈을 즈음이다.

나는 18세 정도 때부터 골프를 시작했는데 어릴 때는 돈도 없고 사진에 푹 빠져있어서 중간에 10년 정도 골프를 치지 않았다. 그 10년 동안에 저가 골프장이 늘어난 모양이다. 어릴 때는 회원 동반이 아니면 입장할 수 없는 골프장에 다녔고 골프를 다시 치기 시작했을 때는 프로골퍼의 초대로 격식 있는 골프장에 가기도 했다. 또 친구와 갈 때는 캐디를 붙이는 조건을 걸었다. 하지만 초보자를 데리고 갈 때는 처음부터 격식 있는 골프장은 안 될 것 같아 저가 골프장을 몇 번 이용했는데 그때마다 트러블이 빈번하게 발생했다.

싼 골프장은 항상 위험이 따른다

옛날부터 골프를 치던 신사 노인들도 돈이 아무리 없어도 저가 골프장을 싫어할 것이다. 은퇴 후 연금으로 생활하면서 저가 골프장을 다니는 사람들 역시 비매너 문제에 대해 화를 낸다. '골프장의 치안이 나빠졌다' 치안이라는 표현은 조금 과장된 말이지만 그렇게 말하는 것도 이해는 간다.

나는 결코 서민들에게 미움을 사려고 이런 걸 쓰고 있는 게 아니다. 생명의 위협을 느낄 만큼 인터넷상에서 서민들의 공격을 받고 있다. 하지만 한가지 깨달은 분명한 사실은 **싼 곳은 생명이 위험하고 비싼 곳은 그렇지 않다**는 것이다. 타인의 생명을 위험에 빠뜨리는 건 같이 있는 사람들이다. 또는 저가와 무료 서비스를 제공하는 시설과 가게 등이다. 싸면 사람이 몰리기 때문에 더욱 싸게 하고 지금까지 제공하던 서비스는 점점 줄어들고 그 결과 규칙과 매너가 사라져 가는 패턴이다.

제대로 매너를 지키는 사람들과 함께 플레이하려면 캐디가 동행하는 2십만 원 이상의 골프장이나 회원권이 필요한 명문 코스를 돌아야 한다. 그곳에서 부자는 다른 플레이어에게 피해를 주지 않기 위해 신사적으로 골프를 친다. 그리고 그런 곳에서는 신사적으로 행동하지 않으면 안 되는 분위기가 저절로 조성되어 있다.

부자 중에도 바보는 있다. 하지만 주변에 제대로 된 사람들만 있기 때문에 혼자서 바보 짓을 할 수 없게 된다. 반면에 서민은 많은 사람들이 다 함께 바보 짓을 한다. 물론 서민 중에도 특출난 사람은 많이 있지만, 자신이 아무리 뛰어나도 주변이 안하무인이면 함께 바보가 된다. 그러니까 '돈이 없다고 그런데 가지 말라고' 입에 가시가 돋치도록 말한 것이다.

"그럼 너는 왜 저가 골프장에 갔냐"라고? 물론 가지 않는다. 여기서 말한 건 초보 여성과 골프를 치기 위해 인터넷으로 예약한 저가 골프장 체험담이었다. 또한 관동지방의 도치기 현이나 군마 현에 있는 골프장은 격식이 높아도 도쿄에서 멀리 떨어져 있는 만큼 가격이 싸다. 결국 싼 곳을 찾아 매너를 안 지키는 사람들이 이용하고 있는 실정이다.

우리 아버지는 고도경제성장기 때부터 계속 골프를 쳤다. 예전에는 비싼 골프회원권도 갖고 있었다. 20년도 더 전에 아버지와 함께 회원권을 갖고 있던 골프장에 간 적이 있다. 차로 정문을 통과하기 전에 문지기 같은 담당자가 있어서 이름을 확인하고 복장도 엄격하게 따졌다. 아버지는 앞의 팀이 늦어져도 캐디와 얘기를 나누거나 공을 씻고 또는 휴게실에서 잠시 쉬었다. 아무 일도 없었고 그린에 난 구멍도 정성스레 고쳤다.

하지만 요즘 저가 골프장을 이용하는 골퍼들은 앞의 팀이 늦어지면 짜증을 내거나 공을 치기도 하고 대놓고 이쪽을 노려보기도 한다. 여자는 화장실에 오래 있는다. 여자들도 '빨리 끝내야 한다는 걸' 알고 있어서 일반 공중 화장실보다 빨리 나오려고 한다. 그래도 조금씩 늦어진다. 거기다 대고 뒤의 골퍼들이 화를 내는 건 정말 배려심 없는 인간들이다.

또한 골프 장에도 책임이 있다. 돈을 벌기 위해 10분 마다 다음 팀의 경기를 시작하니까 앞에서 계속 밀리게 되는 것이다.

초저가에 몰려드는 가난한 사람

지인 중에 여행사에서 일하는 사람이 있다. 저가로 하는 고속버스 여행 중에 사망자가 생겼는데 버스 안내 가이드가 없어진 이후로 자잘한 트러블이 급증하고 있다고 한다. 경마장도 마찬가지다. 지정석 쪽은 깨끗하고 레이스 중에 큰소리를 치지도 않는다. 하지만 무료 구역은 신문지가 널려 있고 'O번 말 뒤져라!'라는 고함이 들려온다.

돈이 없는 세계와 저가 세계, 유료여야 하는데 무슨 이유에선지 무료인 장소, 그곳에는 온갖 인간쓰레기가 모여있다. 돈이 없는 사람들은 성격이 왜 그렇게 변하는 것일까? 그 이유도 알고 있지만 목숨이 위험해질 것 같아 이 이상은 얘기하지 않겠다.

부자는 비난해도 죽임을 당하지 않지만, 가난한 사람을 비난하면 죽임을 당한다. 즉…, 역시 이 얘기는 더 이상 하지 않겠다.

인간은 어느 정도 돈이 생기면 반드시 돈이 있는 세계로 들어가게 된다. 그곳에서 매너와 행동을 배운다. 그리고 배울 생각이 없는 바보라도 그렇게 해야만 하는 분위기에 휩쓸려 제대로 행동하게 된다. 골프를 치면서 뼈저리게 느꼈다. 매너를 지키지 않는 사람은 성질 급한 바보란 사실을.

내가 10대 때 아버지와 함께 골프를 치러 갔으니 어느덧 골프를 시작한지도 30년 정도 됐다. 여태껏 뒤의 팀에서 친 공이 날라오는 경험은 한 적이 없었는데 최근에는 일 년에 몇 번 정도 그런 트러블을 겪는다.

여행사의 지인이 말했다.
"안전을 뒤로 한 채 목숨을 걸면서 싼 것을 찾는 세상, 이런 세상이 당황스럽기만 하다."